石油高职高专教材

油田化学品合成与生产

王彦伟 肖 艳 主编
白术波 主审

石油工业出版社

内 容 提 要

本书介绍了石油勘探开发过程中使用油田化学品的种类、合成和应用方面的知识,详细阐述了钻井用化学剂、油气开采用化学剂、提高采收率用化学剂、油气集输用化学剂和油田水处理用化学剂的类型、合成方法、应用情况。

本书适合各类高职高专院校的应用化工专业教学使用,也可作为精细化工和相关专业的教材,并可供从事精细化工、油田生产的工程技术人员参考。

图书在版编目(CIP)数据

油田化学品合成与生产/王彦伟,肖艳主编
北京:石油工业出版社,2016.4 (2023.8重印)
石油高职高专教材
ISBN 978 – 7 – 5183 – 1186 – 6

Ⅰ. 油…
Ⅱ. ①王…②肖…
Ⅲ. ①石油化学品—化学合成—高等职业教育—教材
　②石油化学品—生产工艺—高等职业教育—教材
Ⅳ. TE 626.9

中国版本图书馆 CIP 数据核字(2016)第 056031 号

出版发行:石油工业出版社
　　　(北京安定门外安华里2区1号　100011)
　　网　　址:www.petropub.com
编辑部:(010)64251362　图书营销中心:(010)64523633
经　销:全国新华书店
排　版:北京苏冀博达科技有限公司
印　刷:北京中石油彩色印刷有限责任公司

2016年4月第1版　2023年8月第2次印刷
787毫米×1092毫米　开本:1/16　印张:7
字数:161千字

定价:18.00元
(如出现印装质量问题,我社图书营销中心负责调换)
版权所有,翻印必究

前 言

石油是重要的战略资源,如何发现新的储量并经济、有效地开采现有油田是石油工业面临的重大课题,在这一过程中油田化学品的应用具有不可替代的作用。油田化学品是指在石油勘探、开发、集输等过程中使用的化工产品及天然化学物质。油田化学品一般具有使用量大、针对性强等特点。

油田化学品的研究与开发人员不仅应具备较强的精细化工基础,还要对其应用对象(诸如地质条件的复杂性、油藏构造的特殊性、油层的物性等)有比较深入的了解,同时关注油田生产技术的发展,才能适应油田的需要进行研究和开发,并对其加以应用。

考虑到职业教育教学的特点,"油田化学品合成与生产"这一课程按照《化工类专业人才培养方案》的要求,从转变传统教育思想出发,以培养学生的知识、素质与能力为目标,保证教学内容适时、适度、实用、实际,力求做到任务设置符合岗位需求、训练内容符合技能培养。本教材通过对烷基苯磺酸盐、聚丙烯酰胺、聚氧乙烯型表面活性剂、钠羧甲基纤维素等油田化学品的实际合成的描述,重点加强对学生实践操作技能的培养,使之能够胜任油田化学品生产操作和设备操作维护等岗位的工作。

本书由大庆职业学院王彦伟、辽河石油职业技术学院肖艳担任主编,大庆职业学院白术波教授担任主审。具体编写分工如下:第一章由大庆职业学院周佳编写;第二章由肖艳编写;第三章由王彦伟和大庆油田化工股份有限公司杜明刚共同编写;第四章由大庆职业学院张丽萍和大庆炼化公司聚合物二厂高级工程师马天祥共同编写;第五章由大庆职业学院吕晓东和中天合创能源有限责任公司高级工程师刘惠丽共同编写;第六章由大庆职业学院李玥编写;全书由王彦伟统稿和定稿。

本书在编写过程中得到了大庆职业学院各级领导和大庆高新区华龙祥化工有限公司、大庆中融科技有限公司、大庆炼化公司、大庆油田化工股份有限公司多位同仁的大力支持和协助,在此一并致谢。

由于油田化学品所涉及的理论和应用不断发展,加之编者水平和学识有限,书中难免出现一些不妥甚至谬误之处,敬请读者批评指正。

编者
2015 年 11 月

目　　录

第一章　油田化学品概述 ··· 1
　第一节　油田化学品的发展沿革 ··· 1
　第二节　油田化学品的分类与作用 ··· 3
　第三节　油田化学品在国民经济中的地位和作用 ··· 6
　第四节　油田化学品的生产应用现状及发展趋势 ··· 8

第二章　钻井用化学剂 ··· 12
　第一节　钻井液及其功能 ··· 12
　第二节　钻井液处理剂 ·· 14
　第三节　油井水泥与水泥外加剂 ··· 25
　第四节　木质素磺酸盐与铁铬木质素磺酸盐 ·· 28

第三章　油气开采用化学剂 ··· 32
　第一节　酸化用化学剂 ·· 32
　第二节　压裂用化学剂 ·· 36
　第三节　油气开采用其他化学剂 ··· 41
　第四节　烷基苯磺酸盐的生产 ·· 57

第四章　提高采收率用化学剂 ·· 61
　第一节　聚合物驱油用化学剂 ·· 61
　第二节　表面活性剂驱油用化学剂 ·· 66
　第三节　碱驱所用的化学剂 ··· 68
　第四节　聚丙烯酰胺的生产 ··· 69

第五章　油气集输用化学剂 ··· 73
　第一节　原油流动改进剂 ··· 73
　第二节　原油破乳剂 ··· 76
　第三节　聚氧乙烯型表面活性剂的生产 ··· 82

第六章　水处理用化学剂 ·· 85
　第一节　缓蚀剂 ·· 86
　第二节　防垢剂 ·· 91
　第三节　油田水用杀菌剂 ··· 96
　第四节　油田水用净化剂 ··· 100
　第五节　羧甲基纤维素的生产 ·· 103

参考文献 ·· 106

第一章 油田化学品概述

油田化学是研究油田钻井、完井、采油、注水、提高采收率及集输等过程中的化学问题的科学。1992年2月在北京召开的石油科学名词审定会上,"油田化学"被审定为石油科学中的十大学科之一。

油田化学品,从广义上说,是指用于石油的勘探、钻采、集输等所有工艺过程中的各种化学品,主要包括矿物产品、通用化学品、天然产品、无机产品和专用产品。油田化学品中的大多数产品属于精细化工产品,从广义上讲,油田化学品属于精细化工产品的范畴。

国内外石油工业的发展促进和带动了油田化学品的发展,反过来,油田化学品的发展,又推动了石油工业的发展,使油田勘探开发技术水平和经济效益获得提高。油田化学品的研制、开发和应用已成为国内外石油界和化工界所共同关注的课题。

第一节 油田化学品的发展沿革

石油工业是一个古老而又生机勃勃的行业,它在推动社会发展和人类文明进步中发挥了巨大作用。美国的石油工业已有150多年的历史,中东波斯湾地区从1932年10月16日巴林的第一口油井出油到今天已有80多年的历史。我国玉门老君庙油田于1938年发现并投入开发,揭开我国石油工业的历史。经过20世纪50年代中期的克拉玛依会战,60年代初的大庆会战、胜利会战,直到90年代重上大西北,相继发现了克拉玛依油田、大庆油田、胜利油田及吐哈油田、塔里木油田等一大批大油田,使我国石油工业迈上了历史新阶段。油田化学品在世界石油工业的发展过程中产生、发展、壮大起来,已成为当代石油工业发展和经济效益提高必不可少的产品,可以说"哪里有石油,那里就有(用)油田化学品"。

一、国外油田化学品的历史发展

国外油田使用油田化学品的开始时间较早,20世纪20年代至30年代开始用纯碱、烧碱、单宁酸钠、煤碱剂及淀粉等化学品来控制钻井液的黏度和滤失量;用脂肪酸盐、环烷酸盐、芳香烃和烷基芳基磺酸盐、土耳其红油、蓖麻硫酸盐、石油硝酸盐、氧化蓖麻油、磺化丁二酸酯等来进行油田油水乳化液的破乳脱水,使用浓度较大(约1000mg/kg);用HCl加缓蚀剂进行油井酸化作业以提高油井产量。进入40年代,化学品在油田上的应用更加普遍,纤维素钠盐、Ca-木质素磺酸盐以至50年代的铬木质素磺酸盐广泛用于钻井液。由于这几种化学品综合处理的结果,形成了适度絮凝而又相对稳定的粗分散钻井液体系。这期间,脂肪酸、脂肪醇、烷基酚的乙烷基化合物,PO/EO嵌段共聚物等用作原油破乳剂,大大提高了破乳效率,使用浓度降至500~100mg/kg。1940年Do Well公司首次用HF+HCl和缓蚀剂用于砂岩地层的酸化处理,1947年美国堪萨斯州Hugoton气田Kelpper 1号井首次进行气井压裂增产处理,所用的是由第二次世界大战后剩余的"napalm"胶化汽油配成的油基压裂液。20世纪60年代至70年代更是油田化学品的大发展时期,除一般的化学品外,大量精细化工产品在油田得到广泛应用,大大促进了石油工业的发展和技术水平、经济效益的提高。以水解聚丙烯酰胺、水解聚丙烯腈、乙烯基多元共聚物为代表的人工合成高分子聚合物广泛用于钻井液,形成新的低固相不分散钻井液体系。此间氧烷基胺、氧烷基化物、烷基苯酚甲醛树脂及其改性物等用于油田破乳脱水工艺,脱水效率又提高一步,使用浓度降至 50～10mg/kg。60 年代中期交联技术进入石油工业,冻胶压裂液、冻胶酸化液、冻胶堵水调剖剂的应用,把压裂酸化和堵水调剖技术提高到一个新阶段。石油工业中老油田提高采收率技术又一次促进、带动了油田化学品的发展,不同类型的高分子水溶性聚合物(如部分水解聚丙烯酰胺、聚多糖、生物聚合物等)以及不同类型的表面活性剂(如石油磺酸盐、石油羧酸盐、木质素磺酸盐、烷基芳基磺酸盐、α-烯烃磺酸盐、烷基苯磺酸盐等)不同规模地投入油田试验或应用,大大促进了石油工业工艺技术水平和经济效益的提高。20 世纪 80 年代以来,油田化学品在油田上的应用广度和深度又有新的提高,大量新型精细化工品以它们的复配物投入油田应用,如聚酯胺及其复配物、两性离子型破乳剂用于油田脱水工艺,使用浓度降至 20～5mg/kg,合成基钻井液、硅基钻井液、阳离子或两性离子聚合物钻井液体系及相应的处理剂在钻井工程中逐步应用,尤其是随着钻井深度的增加和三次采油技术的投入应用,一些耐高温的化学剂(如马来酸酐-苯乙烯磺酸盐共聚物、马来酸酐-磺化乙烯基甲苯共聚物、AMPS-M-甲基-N-乙烯基乙酰胺-丙烯酰胺三元共聚物、AMPS-N-乙烯基-2-吡咯烷酮共聚物、疏水缔合聚合物、两性离子聚合物等)的研究开发工作非常活跃,其中的部分产品已投入现场试验或应用。为适应油田压裂酸化和堵水调剖工艺的需要,多种新型的交联剂(如有机钛、有机锆、有机硼、有机铬等)及新型的乳化剂、破胶剂相继发展起来,使油田化学品呈现一派繁荣的景象。

2003 年以来,国际原油价格一路走高,在高油价下,原油的措施性开采使油田化学品的需求量得到了快速增长,2008 年 7 月国际原油价格达到 147.27 美元/bbl(1bbl=0.159m³)。随后,受多重因素的影响,国际原油价格急剧走低,2016 年 1 月,国际原油价格在 30 美元/bbl 左右波动,早先刺激原油的措施性开采将逐步放慢,这就使原本快速增长的油田化学品市场出现了新的变数,预计全球市场总值将缓慢增长或出现负增长,而国内油田化学品仍将保持一定的增长,但年增速不会突破 3%。随着我国西部和南方海相地层的开发以及海外业务量的不断增加,钻井用化学品的需求仍会大幅度增加,预计未来一段时间内钻井化学品将保持 4% 以上的增长速度。由于东部老油田稳产的需要,提高石油采收率用化学品的需求仍将出现快速增长,可能达到 5% 以上。开采用化学品相对前两种化学品要慢,但平均增幅预计也在 2% 以上,其他化学品增幅也相应增加。

水力压裂法等技术的进步,使页岩气这一非常规天然气的商业开发在北美市场取得了很大进展,从而带动相关油田化学品需求快增。据美国增长咨询公司弗若斯特沙利文的研究报告,北美页岩气相关的油田化学品市场规模将从 2013 年的 52.7 亿美元增长到 2019 年的 75.4 亿美元,年均增长率达到 6.2%,进入黄金发展期。

二、我国油田化学品的历史发展

与国外相比,我国石油工业古老而又年轻,在 20 世纪 40 年代至 50 年代,油田化学品的开发和应用仅在少数油田部分作业,如钻井用化学剂。60 年代初大庆会战及其后的胜利会战等大批油田的发现和投入开发中所遇到的现实生产问题需要用化学的办法来解决,从而促进了油田化学品的开发和应用。近代油田化学品的研究、开发和应用起步于 70 年代初,这期间最有代表意义的是交联技术首先在压裂施工中应用,如羧甲基槐豆粉冻胶压裂液,皂角粉、田菁粉冻胶压裂液,甲撑基聚丙烯酰胺冻胶压裂液,CMC 冻胶压裂液等,这些压裂液相继在大港、胜利、长庆、中原等油田大面积推广应用。此后交联技术又在酸化、堵水调剖工艺中推广应用,形成了具有我国特点的各种凝胶酸体系和冻胶型堵水调剖剂系列产品(配方)。此外 PO/EO 嵌段聚合的非离子、阴离子型原油破乳剂也在许多油田得到广泛应用,聚丙烯酰胺、水解聚丙烯腈、聚丙烯酸钙盐、聚丙烯酸钾盐以及乙烯基单体的二元、三元和多元共聚物、接枝共聚物及"三磺"钻井液处理剂等在较短的时间内广泛应用于钻井作业,从而大大促进了我国钻井工程的技术水平和经济效益的提高。80 年代以来,以大庆等油田为代表的三次采油技术又一次促进了油田化学品的发展——高相对分子质量聚丙烯酰胺的研制、开发及部分油田的成功的先导性试验,另外多种表面活性剂驱油剂、发泡剂等也开始走出实验室。进入 90 年代,两性离子聚合物、阳离子聚合物、正电胶(MMH)、复合金属两性离子聚合物等多种新型有机化学品和无机化学品在油田钻井中广泛应用,两性离子聚合物凝胶堵水调剖剂、固体凝胶悬浮液堵水调剖剂、生物聚合物凝胶堵水调剖剂、羟丙基瓜尔胶冻胶压裂液等在压裂等采油作业中大面积应用,以特种表面活性剂和高分子聚合物的复配物为主的油井清防蜡剂、降凝降黏剂、水包油型乳化降黏剂在各油田迅速推广。1995 年,大庆油田从国外引进建设的年产 5 万吨高相对分子质量聚丙烯酰胺生产线,将我国高分子水溶性聚合物的生产、应用水平提高到一个新阶段,并带动了我国高分子水溶性聚合物的发展。此后国内超高相对分子质量聚丙烯酰胺(相对分子质量大于 2×10^7)及耐温耐盐的疏水缔合聚合物、两性离子高相对分子质量(相对分子质量大于 1.5×10^7)聚合物的开发和应用都取得了重大进展。国内开发、生产的各类油田化学品基本上可以满足我国油田生产的要求,并有部分产品出口国外。

第二节 油田化学品的分类与作用

油田化学品用途广泛、种类繁多,有许多对应的分类方法。有的按油田化学品的组成和制造过程分类,分为矿物产品、无机产品、通用化学品、天然产品和专用(精细化工)产品等;有的按应用分类,分成钻井液类、完井液和激产液类、采油类和提高采收率类等;有的把化学品的组成和应用结合起来分类,分为无机产品、有机产品、高分子化学品、表面活性剂、溶剂、防蜡用化学品、近井地带处理用化学品、防垢用化学品、堵水及杀菌剂、石油预处理(脱水)用化学品、高黏油输送用化学品、有机和无机沉积抑制剂、提高输油效率用化学品;有的按其结构特点分类,分成简单化合物、功能性高分子聚合物、表面活性剂。

1991 年中国石油天然气总公司油田化学专业标准化委员会委托石油勘探开发科学研究院油田化学所负责起草《油田化学剂类型代号》的行业标准,1993 年 9 月 9 日经中国石油天然气总公司批准,于 1994 年 3 月 1 日开始正式实施,标准代号 SY/T 5822—1993。

参考国内外资料,结合我国油田生产组织管理和油田化学品的生产、流通、应用实际,并与油田化学专业标准体系相协调,该标准以油田主要生产工艺(作业)过程作为油田化学品分类的依据,分为通用油田化学剂、钻井用化学剂、油气开采用化学剂、提高采收率用化学剂、油气集输用化学剂和水处理用化学剂六大类。

一、油田通用化学剂

油田通用化学剂是指能广泛用于油田不同生产工艺过程的化学剂,其代号为 CO,主要包括聚合物、黏土稳定剂和表面活性剂等。其中聚合物类产品有生物聚合物、羧甲基纤维素、羧甲基淀粉和聚丙烯酰胺等；黏土稳定剂有 KCl、$NaCl$、NH_4Cl、$CaCl_2$ 等无机黏土稳定剂和环氧丙基三甲基氯化铵、环氧氯丙烷—二甲胺缩聚物、阳离子聚丙烯酰胺等有机黏土稳定剂；表面活性剂方面常用的有烷基苯磺酸钠、OP—10、快速渗透剂 T、SP—60、SP—80、十二烷基二甲基苄基氯化铵、十二烷基二甲基苄基溴化铵、十八烷基二甲基苄基氯化铵和脂肪醇聚氧乙烯醚（平平加）等。

二、钻井用化学剂

钻井用化学剂可分为钻井液处理剂和油井水泥外加剂。

钻井液处理剂主要包括杀菌剂、缓蚀剂、除钙剂、消泡剂、乳化剂、絮凝剂、起泡剂、降滤失剂、堵漏剂、润滑剂、解卡剂、pH 调节剂、表面活性剂、页岩抑制剂、降黏剂、高温稳定剂、增黏剂和加重剂等，其代号为 DF。

油井水泥外加剂主要包括促凝剂、缓凝剂、消泡剂、减阻剂、降滤失剂、防气窜剂、减轻剂、防漏剂、增强剂和加重剂等，其代号为 CE。

三、油气开采用化学剂

油气开采用化学剂按用途可分为酸化用化学剂、压裂用化学剂和采油用其他化学剂三类。

酸化用化学剂包括缓蚀剂、助排剂、乳化剂、防乳化剂、起泡剂、降滤失剂、铁稳定剂、缓速剂、暂堵剂、稠化剂和防淤渣剂等，其代号为 AZ。

压裂用化学剂包括破胶剂、缓蚀剂、助排剂、交联剂、黏土稳定剂、减阻剂、防乳化剂、起泡剂、降滤失剂、pH 控制剂、暂堵剂、增黏剂、杀菌剂和支撑剂等，其代号为 FR。

采油用其他化学剂包括解堵剂、黏土稳定剂、防蜡剂、清蜡剂、调剖剂、降凝剂、防砂剂和堵水剂等，其代号为 PR。

四、提高采收率用化学剂

提高采收率化学剂是指在提高原油采收率过程中所用的化学剂，其代号为 EOR。提高采收率化学剂按用途可分为碱剂、助表面活性剂、高温起泡剂、流度控制剂、牺牲剂、表面活性剂、增溶剂和稠化剂等。

五、油气集输用化学剂

油气集输用化学剂是指在油气集输过程中，为保证油气质量、保证生产过程安全可靠和降低能耗所用的化学剂，其代号为 TR。油气集输用化学剂按用途可分为缓蚀剂、破乳剂、减阻剂、乳化剂、流动改进剂、天然气净化剂、水合物抑制剂、防蜡剂、管道清洗剂、降凝剂、抑泡剂和起泡剂等。

六、水处理用化学剂

水处理用化学剂是指在油田注水（水源水、回注污水）这一水处理过程中，为保证注水质量、提高注水开发效果所用的化学剂，其代号为 WT。水处理用化学剂按用途可分为杀菌剂、缓蚀剂、黏土稳定剂、助滤剂、浮选剂、絮凝剂、除油剂、除氧剂、除垢剂和防垢剂等。

上述六大类油田化学品按结构可分为无机物、有机物和高分子化合物，但其中最重要的油田化学品是表面活性剂和高分子这两大类物质。

七、各类油田化学品的作用

1. 通用化学剂的作用

同一种化学品可适用于石油钻井、采油、集输和水处理等各个环节的施工过程中,则将其称为通用化学剂。如聚合物类产品中的生物聚合物、羧甲基纤维素、羧甲基淀粉和聚丙烯酰胺等,用作钻井液处理剂可起到增黏(生物聚合物、羧甲基纤维素)、降滤失(羧甲基纤维素、羧甲基淀粉)和絮凝(聚丙烯酰胺)等;用作油井水泥外加剂,可降低水泥浆的滤失量(羧甲基纤维素、羧甲基淀粉);在酸化压裂液中可作为稠化剂(生物聚合物、羧甲基纤维素和聚丙烯酰胺);聚丙烯酰胺还可在水处理中作絮凝剂。黏土稳定剂在钻井中主要用作抑制黏土分散、控制地层造浆;用于采油、注水作业中,主要用作黏土防膨。表面活性剂用于钻井液中以提高钻井液的热稳定性、改善润滑性、防黏卡等,也是配制钻井液润滑剂和解卡剂的主要原料。在采油作业流体中加入表面活性剂可改善其综合性能。表面活性剂也可用于油井清洗,多种表面活性剂复配可制得清蜡剂和防蜡剂。表面活性剂还可用作原油破乳剂、驱油剂和杀菌剂等。

2. 钻井用化学剂的作用

钻井液处理剂:用于配制钻井液,并在钻井过程中维护和改善钻井液性能。钻井液是钻井中使用的作业流体,在钻井过程中,钻井液起着重要的作用,人们常常把钻井液比作"钻井的血液",其功能是:悬浮和携带岩屑,清洗井底;润滑冷却钻头,提高钻头进尺,通过钻头水眼冲击地层,有利于破碎岩石;形成滤饼,增加井壁稳定性;建立能平衡地层压力的液柱压力,以防止发生卡、塌、漏、喷等复杂事故;使用涡轮钻具时,可作传递动力的液体。可见,良好的钻井液性能是钻井作业顺利进行的可靠保证,而钻井液处理剂则是保证钻井液性能稳定的基础,没有优质的钻井液处理剂就不可能得到性能良好的钻井液体系。

油井水泥外加剂:固井的目的是加固井壁,固定套管,保证继续安全钻井、封隔油气和水层,保证勘探期间分层试油及整个开采过程中合理的油气生产。固井质量的高低是保证钻井、采油等井下作业顺利进行的前提,固井工艺使用单一化学剂的或纯水泥已不能满足近代固井工艺技术发展的需要,因此必须添加油井水泥外加剂。油井水泥外加剂的作用是通过对水泥浆性能的控制、调整,提高水泥石的综合性能,以满足各种类型井的固井需要和复杂条件下的固井需要。

3. 油气开采用化学剂的作用

酸化用化学剂:酸化是采油作业中的一项重要措施。一口井要能生产出工业油(气)流,应具备两个基本条件,即该井所钻油气层的油气饱和度高、压力高和渗透性好。酸化就是靠酸液的化学溶蚀作用以及向地层挤酸时的水力作用来提高地层的渗透性能的施工措施;酸化用化学剂就是在酸化过程中,所用酸化液中加入的除酸化剂(盐酸等)之外的其他化学剂,其作用是用于抑制酸化液对施工设备和管线的腐蚀,减轻酸化过程中对地层产生的伤害,提高酸化效率,使它更适合酸化处理目的的需要。

压裂用化学剂:压裂就是用压力将地层压开,形成裂缝,并用支撑剂将它支撑起来,以减少流体流动阻力的增产、增注措施。压裂过程中用的液体叫压裂液,一种好的压裂液应满足如下需求:黏度高、便于携带支撑剂;摩擦阻力小,能有效地传递压力;滤失量低,使地层压力升得快;不伤害地层,即不乳化、不沉淀、不堵塞地层等。压裂液中应用的化学剂就是压裂用化学剂,其作用是在压裂过程中提高压裂液的综合性能,以满足压裂工艺对压裂液的要求,提高压裂效果。

其他油气开采用化学剂:用于油、气、水井增产或增注。

4. 提高采收率用化学剂的作用

通过人工注水可以提高原油采收率,但注水后几乎尚有一半的油仍然留在油层中,如何采出这些二次残余油(也称水驱残余油)是油藏工程师面临的问题,提高采收率技术(三次采油)就是解决这一问题的有效措施。而提高采收率用化学剂正是用于提高原油采收率这一目的的。

5. 油气集输用化学剂的作用

油气集输是指从井口开始,将原油、天然气通过输送、集中、初步加工后抵达矿场油库的全部过程。对于从矿场外输、外运的原油,要求其含水小于0.5%,含盐小于50mg/L;对于外输的天然气,要求其含硫化氢小于20 mg/m³,同时还不能含轻质油。因此在油气集输过程中,石油要求脱水、除盐,天然气要求脱水、脱油和除硫,从油气中脱出的水还应达到回注水和排放要求。因此在集输过程中,为了保证油气质量,保证生产过程安全可靠和降低能耗就少不了化学剂的应用。

6. 水处理用化学剂的作用

通过注水井向油层注水以补充能量,是多数油田目前用来保持油层压力,延长自喷采油期,提高油田的开发速度和提高采收率的一项措施。水处理用化学剂的作用就是在实施这一措施的过程中用于保证注水质量、提高注水开发效果、减少设备腐蚀等。

第三节 油田化学品在国民经济中的地位和作用

一、油田化学品在国民经济中的地位

油田化学品在我国是一个起步较晚(20世纪70年代初)的新兴产业,它涉及化工部门(油田化学品的原料及生产制造)和油田的勘探开发部门(油田化学品的应用和推广),这一特点决定了油田化学品既在化工部门占有一定地位,是化工产品,特别是精细化工产品的重要组成部分,又在油田勘探开发领域占有一定地位,是油田勘探开发生产活动必不可少的重要材料。

油田的勘探开发生产活动是一个多工种和多学科联合作战的复杂有机组合的大系统工程,各工种和各学科有自己的工作对象和目标,这些对象和目标相互间又有密切的联系,勘探、开发是主力军,油田化学品处在参与和为油田钻井、完井、采油、注水、提高采收率及集输等工艺过程服务的地位,在参与和服务于上述工艺的过程中发挥自己的作用,从而提高油田钻井、完井、采油、注水、提高采收率及集输等工艺过程的技术水平和经济—社会效益;另一方面,油田化学品生产所用的原料及生产制造过程又在化工系统,随着油田勘探开发的不断深化,需要的油田化学品的品种、数量和质量也必将有大的增加和提高,这样,油田化学品在国民经济中将日趋占有更重要的地位。

二、油田化学品在国民经济中的作用

从上述油田化学品在国民经济中的地位中可以看出它在国民经济中发挥着巨大的作用,

主要表现在以下几个方面。

(1)促进油田钻井、完井、注水、采油、提高采收率及集输等工艺过程技术水平的提高。

国内外的实践证明,油田化学品在参与和服务于相关工艺的过程中,大大提高了相关工艺过程的技术水平,如20世纪60年代至70年代低固相不分散聚合物钻井液处理剂的应用,由于其优秀的流变性和温度安定性,与钻井工程,特别是喷射钻井结合,大大提高了钻井工程的技术水平,使钻进速度和钻井深度上了一个新台阶,大大缩短了建井周期,扩大了人类探索油气资源的空间。

(2)配合油田相关工程最大限度地开发利用地下油气资源。

石油和天然气是一种极其宝贵的资源,它的发现和广泛应用大大促进了人类的文明和社会的进步。油气在地下的分布既广泛又极不均衡,富集程度差异很大,开采的难易程度也极不相同,有的较简单,有的极复杂,在现有技术经济条件下,有的有商业开采价值,有的无商业价值。随着工程技术水平的提高,加上油田化学品的应用,使大量低品位石油资源、难动用的石油储量得以经济地开采,如我国低渗透油藏储量约有 40×10^8t,靠一般方法难以开采。但酸化、压裂技术,包括其中的酸化液和压裂液及其相关的各种油田化学品,在油田广泛应用后,使这类石油储量的相当一部分能够被经济地开采出来。据统计,自2010年以来,我国每年压裂 7000~8000 井次,增产原油超过 700 万吨,为国家创造了巨大的社会财富。再如我国的一些老油田,综合含水已达 80%~90%,但这时仅采出地下石油储量的 1/3,尚有近 2/3 的石油储量用常规的办法采不出来。三次采油技术,尤其是其中的化学驱提高采收率技术,经"七五""八五"科技攻关和先导性试验后,在我国大庆、胜利、大港等油田取得技术和经济方面的重大突破。在聚合物驱提高采收率的工业试验中,每注 1t 聚合物可增产原油 140~180t,仅大庆油田 1997 年聚合驱增产油就达 558.79×10^4t,占大庆油田当年产量的 1/10,已成为大庆油田高产稳产的重要技术支柱。

(3)提高油田钻井、完井、注水、采油及集输等工程的经济和社会效益。

油田化学品在油田的广泛大量应用,不仅提高了上述工程作业的技术水平,使过去办不到的事情现在可以办到了,而且还大幅度地提高了相关工程作业的经济—社会效益,如两性离子聚合物系列产品(FA367、FA 368、XY 27、JT-888),由于具有很好的抗温性(-180℃)、抗盐性和很强的抑制性,能有效地防止地层伤害,保护油气层产能,已在全国 16 个油田 5000 多口井推广应用。与其他处理剂相比,用该系列处理剂配成的钻井液钻井,一般井径扩大率降至 4%~10%,平均机械钻速提高 8%~30%,采油量提高 20%,缩短钻井周期 5~30d,创经济效益近 10 亿元。又如我国原油多为石蜡基原油,含蜡量及石蜡的碳数分布变化很大,原油凝点、黏度普遍较高,给这类原油的生产及输送带来很大困难,化学清防蜡剂的广泛应用,很好地解决了这一难题。据统计,我国有 1.5 万口油井进行化学清防蜡作业,采用连续或间歇加入井底或挤入地层近井地带,以减缓结蜡速度,延长清蜡周期,达到增产原油、降低能耗的目的。仅据中国石油勘探开发研究院研究开发的 BJ 系列清防蜡剂在辽河、冀东、中原、苏北等油田 1000 多口井的应用统计,年增产原油 13.5×10^4t,节电 $40\times10^4kW\cdot h$,平均每吨清防蜡剂增产原油超过 200t,节电 307kW·h,经济效益和社会效益十分明显。

(4)促进和带动化工产业的发展和效益的提高。

据 1995 年底统计,各类油田化学品在中国的用量为 102.9×10^4,而到 2009 年,我国使用量已达到 147×10^4t。15 年间,油田化学品的使用量增加了 42% 以上,市场规模增长超过 180%。其中,钻井用化学品用量最大,占油田化学品总用量的 45%~50%;采油用化学品技术含量高,占总销量的30%以上。这么大数量的油田化学品又需要大量的基本化工原料,如何规划、组织好油田化学品的生产、流通和应用是一个尚未得到很好解决的问题,因为油田化学品有它的特殊性,市场、用户在油田,而油田化学品生产的原料和生产制造在化工系统。不管怎么说,这么大数量的化学品的生产必将促进化工产业的发展,尤其是数量大、质量要求高的高分子聚合物和表面活性剂类油田化学品的生产将大大促进化工产业的结构调整和产品的更新换代。

(5)保护环境。

保护好人类赖以生存和发展的环境是人类面临的大问题,我国油田地域分布广,陆上的平原、沼泽、山区、海滩、沙漠、湖区,海上的海湾、近海等,环保要求各不相同。油田环境污染的来源是多方面的,但主要来自在工程作业过程中的"跑、冒、滴、漏",废水、废液、废渣的排放及化学剂的不恰当的运输、储存和使用。

油田化学品若运输、储存和使用不当,可以造成环境污染,在这方面,油田各级主管部门和相关工程作业都有明确严格的规范,尽力把可能造成的污染降到最低程度。另一方面,油田化学品在保护环境、减少污染上发挥着更重要的作用,如油田污水处理,我国陆上油田每年产生含油和其他有害物质的污水约 $9\times10^8\mathrm{m}^3$,这么大量的污水若都排放于地表,可以想象会造成多么大的环境污染,尤其是在平原、水网密集的人口稠密地区。为了保护环境,并充分利用这部分水资源,油田花巨大人力、物力和财力进行物理、化学处理,每年约用 $6\times10^4\mathrm{t}$ 各种水处理剂,使其中绝大部分经处理后又回注到地层,少量不能回注到地层的污水经严格处理并达标后才能排放到规定的地区,这样就大大减少了油田污水对环境的污染。再有,近年来废弃钻井液的无害化处理取得了很大的进展,我国每年钻井上万口,除部分钻井液经适当处理复用外,一口井钻完后会留下一部分废弃钻井液。它的组成很复杂,含有多种化学剂、油及固体物质。对这部分废弃钻井液,国内正在进行多种无害化处理:一是加入絮凝、固化剂,使其固化后掩埋;二是经化学—物理方法处理,使其转变成水泥浆再用于固井作业,将这部分的污染降低到最低程度。另外,在油田的一些具体工程作业过程中常会有一些原油或油品散落到地面、水面,现在各油田都尽量想办法,采用化学、物理或微生物的办法回收、清除、降解这些污染物,并取得了很好的效果。

近年来,世界各国都在研究、开发低污染或无污染的油田化学品,这是解决油田化学品对环境可能造成污染问题的最有效途径,一些天然植物胶类的改性产品、醇类产品和植物油脂类产品等即属此类,相信这类油田化学品将会是今后很有前景的产品。

第四节 油田化学品的生产应用现状及发展趋势

一、国内外油田化学品的生产应用现状

随着石油工业的发展,人们对石油勘探、钻采、集输和注水的工艺过程的认识越来越清楚,化学品在石油勘探开发中的作用也越来越大,尤其是随着油气勘探开发地域的扩展,所开采油气层位越来越深,地质条件更加复杂,开采难度越来越大,为了保证尽可能高效地进行石油钻探并提高原油采收率,从钻井、固井、压裂酸化,直到最后采出油气的各个环节,都必须采取有效的措施以保证作业的顺利进行。在这一过程中,油田化学品起着至关重要的作用,因此,对

油田化学品的要求越来越高,油田化学品的用量也就越来越大。进入20世纪90年代之后,由于油田化学技术和施工工艺技术不断成熟,油田化学品的发展逐渐趋缓,但发展的目标和技术路线都更明确和集中在发展新型、高效和降低污染的产品上,各类油田化学品都竞相在聚合物,特别是合成有机聚合物材料方面发展。

我国自20世纪70年代以来,在油田化学品的研制、开发和应用方面取得了很大的进展,经历了70年代的起步阶段,80年代的发展阶段和90年代的完善阶段,使油田化学品从少到多,从外专业引进到专门的油田化学品的开发,已经逐步形成了规模化的油田化学品工业,并已在山东省滨州市建成了国家油田化学品生产基地。2012年,油田化学品已拥有上千个品种,年销售量超过100×10^4t,总价值近20亿元。2014年,我国专用油田化学剂的需求已经达到了$(180 \sim 200) \times 10^4$t,其中用于三次采油工艺的油田化学剂的量已经显著增加。钻井液处理剂、三次采油破乳剂、三次采油化学剂和特殊油气化学剂已经取得了很大的发展,并且将会持续受到重视。油田化学品的研制、开发和应用,不仅在石油工业中发挥了重要的作用,而且在一定程度上促进了精细化工的发展。

在油田化学品中,钻井用化学剂是用量最大的油田化学品,约占油田化学品总量的60%左右。而采油用化学剂的量相对较少,但其技术含量相对较高,其用量约占油田化学剂总量的1/3。这两类化学品在油田化学品中占有重要的位置。

钻井用化学剂方面,我国从20世纪80年代以来逐渐发展并完善了系列钻井液处理剂,从而完善了各种钻井液体系,促进了现代优化钻井工艺技术的发展。90年代以来,新一代聚合物——2-丙烯酰胺-2-甲基丙磺酸(AMPS)多元共聚物产品的开发逐渐受到重视,并已经在现场应用中见到了明显的效果。随着科学技术的不断进步,钻井液处理剂正朝着逐步形成配套的新型系列产品的方向发展,并基本上满足了我国各种类型的钻井作业的需要。我国钻井液处理剂已发展到18类、上千个品种。90年代以来,油井水泥外加剂也取得了较大的进展,并逐步形成了专用的油井水泥外加剂,已经发展到11类200个品种。

与钻井用化学品相比,采油用化学品无论是品种还是数量上,都较少,并且还不配套,为了满足采油的需要,有些产品还需要从国外进口。该类化学品(包括压裂酸化和其他化学品)中,属于精细化工产品的化学品年用量约20×10^4t。

我国油气集输方面的化学品的研究、开发和利用开始于20世纪60年代,目前已有14类,数百个产品。其中原油破乳剂用量最大,年需20×10^4t,不少品种已达到20世纪90年代国际水平,与国外差距较小。其他剂种无论是水平还是数量上则还存在一定的差距。如降凝剂、流动改进剂、降黏剂、清蜡剂和防蜡剂等品种较少,且大多数为复配型产品。

在水处理剂方面,由于我国每年处理回注水达10^9m³,因此,油田水处理剂是油田开发中很重要的一类油田化学品,各种水处理剂的年用量在6×10^4t以上。但油田水处理剂的品种还不齐全,其中杀菌剂的、阻垢剂、水净化剂(絮凝剂)、缓蚀剂的品种都较少,且多数产品都是从工业水处理行业引进,还缺少有针对性的油田水处理化学剂。

三次采油用化学品方面,已经形成了一些用于驱油的表面活性剂和聚合物品种,但还不能满足三次采油的需要。在油田化学品中,三次采油用化学品是最具有发展潜力的化学剂,我国大庆油田已经实施了聚合物驱油。

总之,我国油田化学品经过几十年的发展,已经取得了长足的进步,但还不能完全满足油田发展的需要,与发达国家相比,无论是品种数量,还是产品质量方面还存在一定的差距,这就要求化学和油田化学工作者不断研制、开发和应用新产品,以促进我国石油工业的发展。

二、油田化学品的发展趋势

目前,除少量产品尚需进口外,我国油田化学品已经基本上能够满足国内石油勘探开发和生产的需要。随着我国石油工业"稳定东部,发展西部"的整体部署的实施,今后勘探开发的重点向西部转移,东部老油田的重点是如何保证油田稳产,这便为油田化学品的研制、开发和应用提出了新的课题。目前我国老油田的储油量和产量都占全国总量的90%左右,这些油田现已进入高含水期,综合含水率为80%,有的含水率高达90%以上,油田储量采出程度大约占地质储量的35%,地下还残留65%左右。如何采用提高采收率(EOR)新技术和新方法使东部老油田继续稳产,是当前的迫切任务。我国EOR方面的主攻方向是化学驱油,这便为油田化学品提供了更大的市场。为了确保石油工业的稳定发展,油田化学品将需要不断更新和发展。

结合当前的实际情况及各个领域所用的油田化学品特点,油田化学品的发展方向有如下几个方面。

1. 钻井用化学剂

今后一段时期,钻井工程面临的形势是:西部深井、超深井的钻探问题;东部老油田打加密井、多分支井需提高采收率的问题;低渗透油气藏的开发问题及滩海地区钻大位移井实现海油陆采的问题。为适应上述钻井的需要,应重点开发以下钻井用化学剂品种。

在钻井液处理剂方面,应开发如下处理剂:(1)适用于深井(大于4500m)、抗高温(150~180℃或更高)、抗盐(NaCl至饱和)、抗钙或镁的增黏剂、降滤失剂,降黏剂和流型改进剂;(2)大位移井和多分支井用的润滑剂、井壁稳定剂、流型改进剂和低伤害处理剂;(3)复杂易坍塌地层的泥页岩稳定剂、堵漏剂;(4)低渗透地层钻井用保护油气层的各种处理剂;(5)对环境友好、低成本的天然材料改性产品。

在油井水泥外加剂方面,应开发耐高温的缓凝剂,以聚合物材料为基础,研究与其他外加剂配伍性好、不发生过度缓凝和起泡的抗高温分散剂,成本低廉的木质素改性产品,水泥浆游离水控制剂,以及固体悬浮剂、降滤失剂和防气窜剂等。

2. 油气开采用化学剂

油气开采用化学剂方面,主要包括:(1)发展可用于低渗透油层改造和为了"稳油控水"之目的而实施堵水—调剖作业所需的无残渣的稠化剂、助排剂,高强度耐温耐冲刷的化学剂,选择性堵水—调剖以及耐温抗盐的堵水—调剖剂和稠化剂;(2)进一步开发良好性能的天然植物胶或改性天然植物胶、纤维素类和淀粉类产品,开发原料易得、价格低廉、使用方便,且与破胶剂作用后破胶彻底、不产生沉淀性残渣的压裂、酸化用的稠化剂,抗盐性好,耐温(在90℃以上)的合成聚合物胶凝剂;(3)在现有的以硼酸盐为主的交联剂的基础上开发新的缓交联剂,以及耐温抗盐的缓交联剂;(4)适用于各种温度条件下能彻底破胶,且不产生残渣的缓破胶剂;(5)利用工业废料(如石油炼油厂废弃物)生产对环境安全、性能好的"绿色"缓蚀剂。

3. 油气集输用化学剂

用于稠油开采的化学品具有开发潜力,这方面需要解决的是一般稠油—蒸汽驱提高效率,超稠油开采,管线常温输送,高碳(C_{40+})原油采输问题。解决这些问题所需要的化学剂是高温发泡剂、高温堵漏剂(防窜,300℃)、高效破乳剂、降凝剂、降黏剂、降阻剂、清蜡剂和防蜡剂等化学剂。

4. 提高采收率用化学剂

该类化学剂是最具有发展潜力的化学剂。据有关资料表明,我国原油适用于各种提高采收率方法的潜力很大,总计地质储量有 67.4×10^8 t,按平均提高采收率 12.4% 计,可增加可采储量 8.4×10^8 t。实施提高采收率方法后,需要化学剂的量极大,其中聚合物 367.6×10^4 t,表面活性剂 1481.5×10^4 t,碱 11×10^4 t。据估算,可大规模工业化的聚合物驱油提高采收率方法,我国适宜的地质储量有 43.6×10^8 t,按平均提高采收率 8.6% 计,能增加可采储量达 3.8×10^8 t,约是我国目前年产油量的 2.7 倍,需要聚合物 224×10^4 t。这方面主要解决聚合物驱油、碱/表面活性剂/聚合物三元复合驱油等所需要的价廉的高分子聚合物,耐温(120℃)、抗盐(>200g/L)的高分子聚合物及价廉的表面活性剂类化学剂。另外,开发符合三次采油条件的表面活性剂重烷基苯磺酸钠(WABS),也具有很好的前景。

5. 油田水处理剂

在处理油田水方面,主要开发可以有效降低水中机械杂质与油含量和缓蚀、杀菌、阻垢的化学剂,如高效絮凝剂、反相破乳剂、高效缓蚀剂、杀菌剂、防垢、阻垢剂,两性离子或阳离子聚合物也是油田水处理剂的发展方向。目前该类产品品种较少,新型高效的产品更少,发展潜力较大。这方面应深入地开展研究工作,尽快形成系列化配套产品。

第二章 钻井用化学剂

为了寻找和开发地下的油气资源,从勘探找油到油气田开发的各个阶段,根据任务、目的和作用的不同,要钻各种类型的井。可以将这些井分为探井、资料井、生产井、注入井、检查井和加密井等。

在油气田勘探阶段,为了认识和研究某个地区的地层情况、岩石的沉积特征和构造特征等所钻的井叫做探井;为了探明油气的储存情况、储油层、储气层的性质以及含油气水的边界情况的井叫做资料井;在已经探明的油气田上,为了开采油气而钻的井叫做生产井(又分为油井和气井);在油气田开发阶段,为了保持油气层的压力,增加油气井产量,提高油气田采收率,而向储油层、储气层注入水或注入气的井叫做注入井(分为注水井和注气井)。

在上述各类井中,最多的是生产井与注入井。

在钻井过程中,为保证钻井质量和完井质量,除了需要使用一些专用的机械设备外,还需要使用一些专用的流体。在这些流体中通常要加入各种化学剂来满足钻井工艺的要求,其中钻井液处理剂和固井水泥外加剂是最重要的化学处理剂。

第一节 钻井液及其功能

在钻井过程中,被钻头破碎的岩石碎屑堆积在井底需要及时进行清除,否则钻头就不能继续向下破碎新的岩石。在旋转钻井中,清除岩石碎屑的任务是靠循环的钻井液来完成的,如图2-1所示。

一、钻井液类型

钻井液是水、膨润土(一种蒙皂石含量不少于85%的黏土矿物)和化学处理剂组成的一种混合流体,旧称泥浆。钻井液中的黏土颗粒大小不一,多数在悬浮体范围内($>0.1\mu m$),少数在溶胶范围内($0.001\sim0.1\mu m$),属多级分散体系。为使钻井液具有钻井工艺所要求的各种性能,常需要加入各种化学处理剂。除常用的水基钻井液外,还有以油(原油或柴油)为分散介质的油基钻井液等。以聚合物为絮凝剂的低固相和无固相钻井液、泡沫钻井液等较为特殊。不同的钻井液可适用于不同的钻井工艺要求。

1. 水基钻井液

水基钻井液以水为分散介质,基本组分有膨润土、水和化学处理剂。这类钻井液发展最早,使用最广泛,它可分为:

(1)淡水钻井液:以含盐量(C_{NaCl})<1%、含钙量($C_{Ca^{2+}}$)<120mg/L的水配制的钻井液。

(2)盐水钻井液:以含盐量(C_{NaCl})>1%的水配制的钻井液,包括普通盐水钻井液、饱和盐水钻井液和海水钻井液。其主要特点是抗可溶性盐侵污能力较强,常用于海上钻井,钻盐岩层及泥、页岩易坍塌地层。

(3)钙处理钻井液:以含钙量($C_{Ca^{2+}}$)＞120mg/L的水配制的钻井液,包括石灰钻井液、石膏钻井液和氯化钙钻井液。主要特点是防塌性能好,抗可溶性盐、侵污能力较强,流动性好,性能较稳定。

(4)低固相钻井液:其黏土含量(体积分数)一般小于7%,不分散低固相聚合物钻井液的黏土含量小于4%。这类钻井液的主要特点是钻速快,流变性能好,钻井总成本低。

(5)无固相钻井液:由水和化学处理剂组成,目前发展较快的不分散无固相钻井液是由淡水和高分子化合物配制而成的,在钻进过程中可始终保持钻井液体系基本无固相。主要特点是密度低、钻速快。

(6)混油钻井液:根据需要,在钻井液中混加一定量的原油或柴油,使油呈小液滴分散的乳化状态。其主要特点是润滑性和流动性好,滤失量及滤饼摩擦系数较低。

2. 油基钻井液

油基钻井液又称油基泥浆,包括以油作连续相、水作分散相、乳化剂作稳定剂的油包水乳化钻井液和通常由柴油、氧化沥青、有机酸、碱以及其他化学剂配成的钻井液。

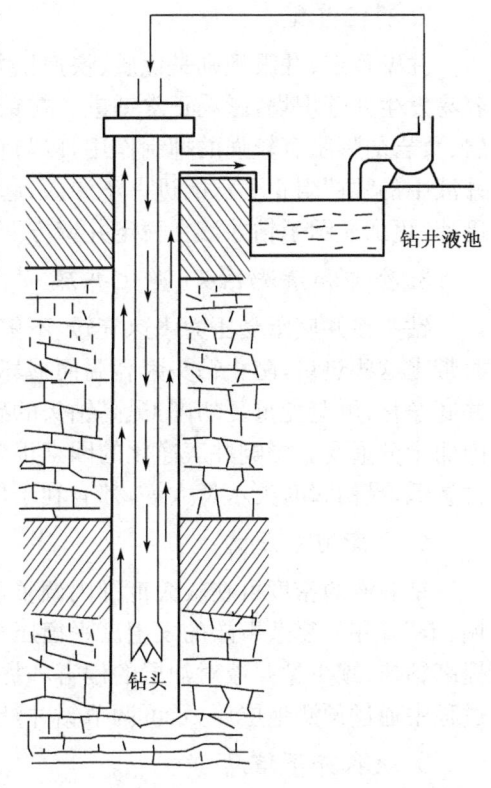

图 2-1 钻井液循环示意图

(1)油包水乳化钻井液(逆乳化钻井液):以柴油(或原油、白油)为分散介质,水及有机膨润土或其他的亲油粉末状物质作分散相,加乳化剂等处理剂配制而成。其主要特点是热稳定性能好,有较好的防塌效果,对油气层损害小。常用于超深井的高温井段,钻进易塌地层和低压油气层。

(2)全油基钻井液:由柴油(或原油、白油)和沥青(或有机膨润土)及有关化学处理剂配制而成。其主要特点是对油层损害小,抗可溶性盐侵污能力强。

二、钻井液的主要功能

钻井液在钻井工艺中起着重要的作用,人们常把钻井液称为钻井的血液,钻井液停止循环时,钻井工作就不能继续进行。随着钻井生产的发展和钻井液技术水平的提高,钻井液成为关系到钻井成败的主要因素之一。钻井液在钻井工作中主要有以下作用。

1. 携带和悬浮钻屑

钻井液的一个基本功能,就是把钻头破碎的岩屑从井底带出井眼,保持井眼净化。钻井液配制好之后,储存在地面的钻井液池中,用泵抽吸经钻杆内部从钻头水眼喷出,携带着井底被破碎的岩屑,经由钻杆与井眼的环形空间上返至地面流入净化槽中,将岩屑沉淀净化后返回钻井液池,再泵入井中,如此循环往复。当接单根、起下钻或临时停止循环时,钻井液又能把井眼内的钻屑悬浮住,使其不致很快下沉,以防止沉砂卡钻。这就要求钻井液要有适当的黏度等流变性能。

2. 稳定井壁

井壁稳定、井眼规则是优质、快速钻井的重要基础条件。在钻进一些比较松软的地层时，容易发生井壁坍塌，影响正常钻进。在钻进易水化膨胀的泥岩、页岩地层时，钻井液必须对泥岩、页岩的膨胀有较强的抑制作用，以防止因膨胀而引起的缩径现象发生。在钻进过程中，钻井液中的"饼"阻止了水的进一步渗入，起到了保护井壁的作用。近年来，防塌钻井液技术发展迅速，更加显示了钻井液在稳定井壁方面的重要作用。

3. 冷却和清洗钻头、净化井底

钻头在井底承受压力飞速旋转，不停地与岩石摩擦，产生大量的热量，循环的钻井液可及时带走这些热量，防止钻头因高温而损坏，延长钻头的使用寿命。钻井液清除井底岩屑，保持井底净化，可避免重复切削，提高钻头的破碎效率。井底净化直接影响机械钻速和钻头进尺，因而十分重要。影响井底净化的因素很多，从钻井液本身来说，密度小、剪切稀释能力大、固相含量低、最初瞬时失水量大等，都有利于保持井底净化。

4. 平衡地层压力

钻井液的密度可在较大范围内调整，以建立与地层压力相平衡的液柱压力，防止"喷、漏、塌、卡"等井下复杂事故的发生。平衡压力钻井不仅是一种防喷、防漏的措施，它对净化井底、提高钻速、减少钻井液对油层的侵害和提高油井产量等方面都具有重要的意义。因此，在钻井过程中通过预测地层压力，可调节钻井液密度，实现平衡压力钻井。

5. 获取井下信息

钻井液携带到地面的岩屑，可以反映钻遇岩层的性质，帮助判断地层层位。尤其是通过对钻井液的观察，可以发现油气显示，帮助分析是否钻遇到了油气层。

钻井的目的是探明地层情况和开采油气。因此，除要求钻井液具有上述功能外，还应尽可能不损害油气层的渗透性，不降低油气产量，并有利于获得良好的砂样、岩心和电测资料。此外，在钻进各种复杂地层时，对钻井液还有特殊要求。例如，钻进盐岩层、石膏层时，要求钻井液具有较强的抗盐、抗钙能力；钻遇高温地层或超深井段时，要求钻井液具有较高的热稳定性等。

第二节　钻井液处理剂

要使钻井液能满足钻进不同地层的要求，需要在钻井液中加入各种化学处理剂。随着钻井工艺向高速优质、超深井、海洋和复杂地层发展，钻井液体系和处理剂的种类也在不断地增加和更新。我国使用的钻井液处理剂已接近 300 种，按化学处理剂在钻井液中所起的作用不同，可分为 16 类。下面讨论一些常用且重要的化学处理剂。

一、稀释剂

稀释剂是指能降低钻井液黏度和切力的化学剂，也称降黏剂。无论从使用的必要性还是从使用的数量来说，稀释剂都是钻井液的重要处理剂之一。

配制钻井液的黏土颗粒在钻井液中所形成的网状结构以及其他各种因素造成的污染往往会引起钻井液的稠化，使钻井液的黏度和切力增高。对于深井和高温井，钻井液的稠化引起的问题尤为突出。控制钻井液稠化的手段除控制固相含量外，主要是添加稀释剂。

为控制钻井液稠化,早在20世纪30年代末就开始使用聚磷酸盐稀释剂,在常温和低温下它们具有较好的稀释效果,但在约65℃它们就开始分解失效。40年代单宁被广泛地用作钻井液稀释剂,但也仅适用于中深井。50年代开始使用单宁和木质素磺酸钙处理的石灰钻井液以及铁铬木质素磺酸盐处理的石膏钻井液,但它们分别出现高温固化和高温稠化问题。从60年代起,钻高温井使用的稀释剂主要是铬木质素磺酸盐和铁铬木质素磺酸盐,它们比聚磷酸盐和单宁有高得多的热稳定性,但在高温下也减效。80年代初美国开发了SSMA稀释剂,其热稳定性非常好。美国使用的合成聚合物稀释剂,多为具有不同磺化度的乙烯型聚合物。据报道,这类聚合物稀释剂既抗盐、抗污染,又有很好的稀释和降滤失效果。

目前我国常用的稀释剂有以下几种。

1. 单宁碱液

单宁广泛存在于植物的根、茎、皮、叶、果壳或果实中,是一大类多元酚的衍生物。由不同植物得来的单宁,其化学组成不尽相同。我国四川、湖南、广西等地盛产五倍子单宁,它是五倍子酸葡萄糖的酯式缩合物,其分子式可简写成 $5(C_{14}H_9O_9)\cdot C_6H_7O$。

五倍子单宁是从五倍子中浸提制取的。五倍子是种称作盐肤木树的叶子轴被蚜虫刺伤后生成的虫瘿,其中含有50%～70%的单宁。五倍子经过除虫和研碎处理后,在水中煮沸,即可将单宁提取出来,再经过提纯和干燥,可得到工业用单宁。

单宁可溶于水、含水乙醇、乙酸乙酯、甘油、吡啶等溶剂,但不溶于无水乙醇、苯和烃类溶剂。单宁易吸潮结块,易受光的作用,所以应存放在阴凉干燥处。五倍子单宁的结构式为:

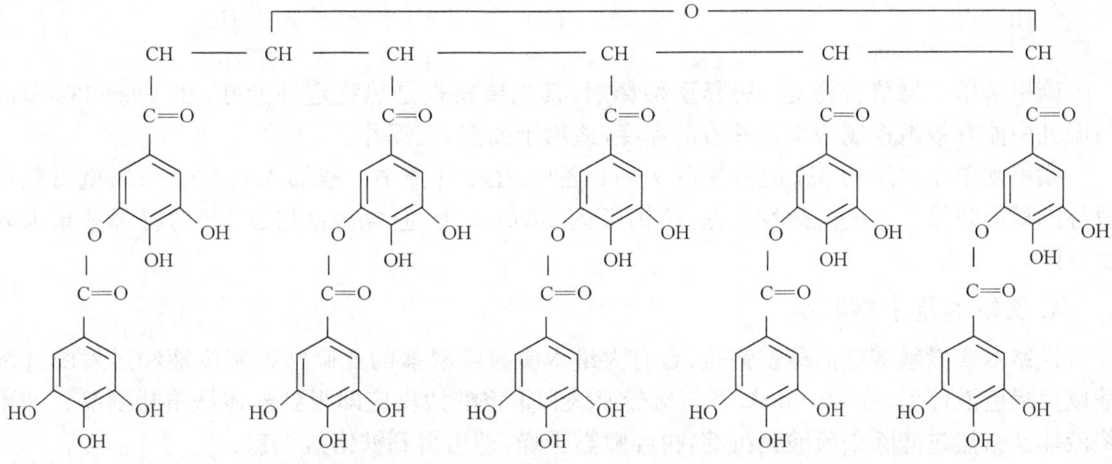

五倍子单宁在水中可逐步水解,生成双五倍子酸、五倍子酸和葡萄糖。

$$5(C_{14}H_9O_9)\cdot C_6H_7O + 5H_2O \longrightarrow 5C_{14}H_{10}O_9 + C_6H_{12}O_6$$
（五倍子单宁） （双五倍子酸）（葡萄糖）

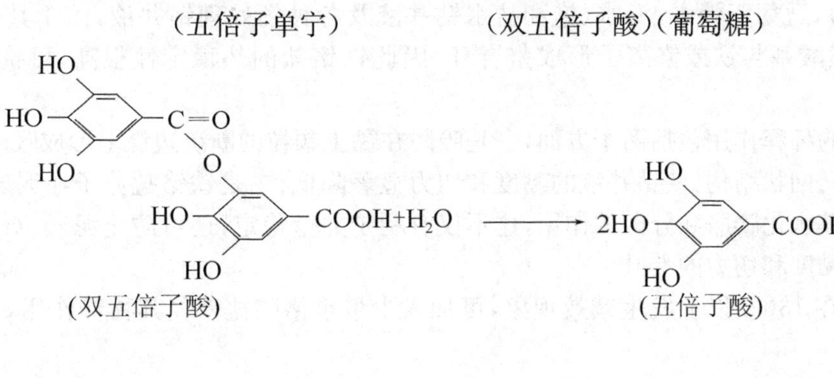

（双五倍子酸） （五倍子酸）

在氢氧化钠溶液中,水解产物是双五倍子酸钠和五倍子酸钠。这两种钠盐对钻井液都有稀释作用。在氢氧化钠浓度高时,两种钠盐的酚羟基也可变成酚钠盐。

实际上,现场应用时,都将单宁配成单宁碱液。单宁和氢氧化钠的质量比为2∶1或1∶1或1∶2,浓度为10%或20%。单宁碱液抗盐能力较差,遇到高浓度盐侵时,会发生盐析或沉淀,稀释作用明显减弱。

2. 栲胶碱液

栲胶是由红柳根或落叶松树皮等材料加工制成的,含单宁48%～70%,与烧碱配成栲胶碱液后,其中起稀释作用的主要成分仍是单宁酸钠。栲胶与烧碱的比例为1∶1或2∶1或3∶1或4∶1,浓度为20%或10%。栲胶与单宁的作用相同,差别在于栲胶含糖较多,在温度较高时易发酵,引起钻井液发泡,性能变坏,故栲胶碱液只适合用于浅井和中深井。

3. 磺甲基单宁

在碱性(pH=9～10)条件下,单宁和甲醛与亚硫酸氢钠进行磺甲基化反应制得磺甲基单宁。再进一步与重铬酸盐作用,经氧化与螯合反应可得到磺甲基单宁铬螯合物,稀释作用更好。其化学反应式如下:

$$\underset{\underset{HO}{HO}}{\overset{COONa}{\bigcirc}}_{OH} + CH_2O + NaHSO_3 \xrightarrow{OH^-} \underset{\underset{HO}{HO}}{\overset{COONa}{\bigcirc}}\overset{CH_2SO_3Na}{_{OH}} + \underset{\underset{HO}{HO}}{\overset{COONa}{\bigcirc}}\overset{}{_{OCH_2SO_3Na}}$$

磺甲基单宁铬螯合物是一种新型稀释剂,其主要特点是热稳定性能好,在180～200℃的高温井中能有效地控制淡水钻井液的黏度,适用于高温井、深井。

磺甲基单宁适用的pH值范围在9～11之间,在钻井液中一般加入0.5%～1%就可获得较好的稀释效果。它的抗盐性较差,抗钙可达1000mg/L,但含盐量超过1%时稀释效果大幅度下降。

4. 铁铬木质素磺酸盐

铁铬木质素磺酸盐简称铁铬盐,含有大量木质素磺酸盐的亚硫酸纸浆废液经过发酵并浓缩成黑褐色液体后,在70～80℃下与硫酸亚铁和重铬酸盐反应即得到液体铁铬盐制品。如果将液体铁铬盐过滤除去硫酸钙沉淀,再经喷雾干燥,即可得到铁铬盐干粉。

由于木质素的结构相当复杂,至今尚未完全弄清楚,因此铁铬盐的结构也不十分清楚。在铁铬盐分子中,铁、铬离子与木质素磺酸形成稳定的五元和六元螯合物,使其具有较强的抗盐、抗钙能力,适用于淡水、海水、饱和盐水钻井液及各种钙处理钻井液,由于其分子中含有磺酸基,且磺酸基与铁或铬离子形成螯合环,因此铁铬盐的热稳定性很高,可抗150℃以上高温。

铁铬盐的稀释作用包括两个方面,一是吸附在黏土颗粒的断键边缘上形成吸附水化层,削弱或拆散空间网状结构,使钻井液的黏度和切力显著降低;二是铁铬盐分子在泥岩、页岩上的吸附有抑制其水化膨胀和分散的作用,这不仅有利于井壁稳定,还可防止泥岩、页岩造浆引起的钻井液的黏度和切力的上升。

铁铬盐在130℃以上发生减效现象,可加入少量重铬酸盐恢复其稀释作用,这样可使其热稳定性提高到177℃,温度高于177℃时铁铬盐发生不可逆降解。铁铬盐在钻井液中添加量超过3%时,有显著的抑制黏土水化膨胀的作用。铁铬盐钻井液的滤饼摩擦系数较高,使用时要与润滑剂配合使用。此外,使用铁铬盐时,易使钻井液发泡,需加入适量的消泡剂。

铁铬盐是目前公认的抗盐、抗钙、抗温性能较优良的稀释剂,但由于其分子中含有重金属铬,在制备和使用过程中易对环境造成污染。随着人们环保意识的增强,铁铬盐的使用已经受到了限制。因此,目前国内外都在致力于研制能替代铁铬盐的无铬稀释剂。

5. 聚合物稀释剂

聚合物稀释剂适用于低固相或无固相聚合物钻井液。由于常规的分散性稀释剂虽能有效地降低钻井液的动切力,但不能使塑性黏度降低,因而导致钻井的动塑比减小,同时还削弱了钻井液抑制岩屑分散的能力。近年来开发的聚合物稀释剂不仅能同时降低钻井液的动切力和塑性黏度,而且还能增强钻井液抑制泥岩、页岩造浆的能力。

比较重要的聚合物稀释剂有:

1) 聚丙烯酸钠

聚丙烯酸钠的商品代号为X-A40,其分子结构为:

$$\mathrm{+CH_2-CH+_{\mathit{n}}}\atop\mathrm{\quad\quad\quad COONa}$$

其平均相对分子质量为5000左右,在钻井液中的加入量为0.3%时,可抗0.2%硫酸钙和1%的氯化钠,并可抗150℃的高温。

2) 丙烯酸钠与丙烯磺酸钠共聚物

丙烯酸钠与丙烯磺酸钠共聚物的商品代号为X-B40,其分子结构为:

$$\mathrm{+CH_2-CH+_{\mathit{m}}+CH_2-CH+_{\mathit{n}}}\atop\mathrm{\quad CH_2SO_3Na \quad\quad COONa}$$

其平均相对分子质量为2340。由于其分子中引入了磺酸基,故抗温性、抗盐和抗钙能力均优于X-A40。

3) 丙烯酸钠与(2-甲基-2-丙烯酰胺基)丙磺酸钠共聚物

丙烯酸钠与(2-甲基-2-丙烯酰胺基)丙磺酸钠共聚物的商品代号为CPD,其分子结构为:

$$\mathrm{+CH_2-CH+_{\mathit{m}}+CH_2-CH+_{\mathit{n}} \quad\quad CH_3}\atop\mathrm{\quad COONa \quad\quad\quad CONH-C-CH_2SO_3Na}\atop\mathrm{\quad\quad\quad\quad\quad\quad\quad\quad\quad CH_3}$$

其平均相对分子质量小于5000,抗温极限可达到260℃,钙离子浓度高达1800mg/L时,它所处理的钻井液仍有良好的流动性。

4) 磺化苯乙烯顺酐共聚物

磺化苯乙烯顺酐共聚物的商品代号为SSMA,其分子结构为:

$$\begin{array}{c}\text{—[CH}_2\text{—CH]}_m\text{[CH——CH]}_n\text{—}\\ \quad|\qquad\qquad|\quad\;\;|\\ \quad\text{C}_6\text{H}_4\qquad\text{COONa COONa}\\ \quad|\\ \quad\text{SO}_3\text{Na}\end{array}$$

它是由苯乙烯和顺酐共聚后经磺化和水解得到的产物。其相对分子质量为 1000～5000，可抗 400℃ 以上的高温，不污染环境，是一种极有发展前景的稀释剂，特别适合于深井钻井液。

这些相对分子质量较低的聚合物之所以具有较强的稀释作用，主要是其线型结构和强阴离子基团所决定的。在聚合物钻井液中，由于它们的相对分子质量较低，更容易通过氢键作用吸附在黏土颗粒上，从而顶替掉原已吸附在黏土颗粒上高相对分子质量的聚合物，拆散黏土颗粒与高相对分子质量聚合物形成的网状结构。此外，这些低相对分子质量的聚合物稀释剂可与高相对分子质量的主体聚合物发生分子间交联作用，阻碍高相对分子质量的聚合物与黏土颗粒间网状结构的形成，从而达到降低黏度和切力的目的。因此，这类聚合物稀释剂的相对分子质量控制十分重要，若相对分子质量过高，反而会使黏度和切力增加。

二、降滤失剂

在钻井过程中，由于压差的作用，钻井液中的水分不可避免地通过井壁滤失到地层中，造成钻井液失水。随着水分进入地层，钻井液中的黏土颗粒便附着在井壁上形成"滤饼"，造成一个滤饼井壁。由于滤饼井壁比原来的井壁致密得多，所以它一方面阻止了钻井液的进一步失水，一方面起到了保护井壁的作用。但是在滤饼井壁形成的过程中，滤失的水分过多、滤饼过厚或细黏土颗粒随水分进入地层等都会影响正常钻井，并对地层造成伤害。

在钻井过程中钻井液的滤失是必然的，通过滤失可形成滤饼保护井壁。但是钻井液滤失量过大，易引起泥岩、页岩膨胀和坍塌，造成井壁不稳定。此外，滤失量增大的同时滤饼增厚，其危害是使井径缩小，给旋转的钻具造成较大的扭矩，起下钻时引起抽汲和压力波动，易造成压差卡钻。因此，适当地控制滤失量是钻井液的重要性能之一。

1. 羧甲基纤维素

羧甲基纤维素（CMC）是纤维素的改性产物，其钠盐在油田中有广泛的应用，称为钠羧甲基纤维素，其分子结构为：

$$\begin{array}{c}\text{CH}_2\text{OCH}_2\text{COONa}\quad\text{CH}_2\text{OCH}_2\text{COONa}\\ \text{（糖环结构）}\\ \text{OH}\qquad\qquad\text{OH}\\ \text{HO}\qquad\qquad\text{HO}\end{array}\Big]_n$$

CMC 是直链型水溶性高分子化合物。它的两个主要性能指标是相对分子质量和取代度（每个失水糖单元上的羟基中的氢被羧甲基取代的数目）。

CMC 的相对分子质量越高，水溶液黏度越大。工业上按其水溶液黏度的大小把 CMC 分成三个等级：高黏度的 CMC，在 25℃ 时 1% 水溶液的黏度为 400～500mPa·s，由于其增黏能力强，一般不作为降滤失剂使用;中黏度的CMC在25℃时2%水溶液的黏度为50～270mPa·s,可作为一般钻井液的降滤失剂,既可降低滤失量,同时又可提高钻井液的黏度;低黏度的CMC在25℃时2%水溶液的黏度小于50mPa·s,可作为加重钻井液的降滤失剂,以避免引起黏度过大。

取代度的高低是决定CMC水溶性的主要因素,取代度大于0.5的CMC才易溶于水,取代度越高其水溶性越好。作为钻井液处理剂的CMC,其取代度为0.6～0.9时效果较好。

CMC是一种抗盐、抗温能力较强的降滤失剂,也有一定的抗钙能力,降失水的同时还有增黏作用,适用于配制海水钻井液、饱和盐水钻井液和钙处理钻井液,是目前应用广泛的一种降滤失剂。国内钻5000m以上的超深井时,用CMC作降滤失剂获得了较好效果。

CMC主要是通过稳定胶体颗粒作用达到降低滤失量的目的。CMC在钻井液中离解成长链多价负离子,链上的羟基与黏土颗粒表面上的氧原子形成氢键吸附,一部分羧基与断键边缘处的铝离子之间产生静电吸力,一部分羧基则通过水化作用使黏土颗粒表面形成水化层,同时增加了黏土颗粒表面的ζ电位。由于CMC分子链较长,一个分子可同时吸附多个黏土颗粒,与黏土颗粒形成混合网状结构,可以避免黏土颗粒相互黏结变大,从而大大提高了黏土颗粒的聚结稳定性,有利于形成致密而坚韧的滤饼。此外,CMC能提高滤液黏度,其本身的堵孔作用也可降低滤失量。

2. 腐殖酸及其衍生物

腐殖酸是由生物残体在空气和水分存在下部分分解,可以从泥炭、褐煤或某些土壤中提取的天然高分子化合物。

腐殖酸不是单一的化合物,而是由分子大小不同、结构组成各异的羟基芳香羧酸族组成的混合物,用不同的溶剂可将其分成三个组分,见图2-2。

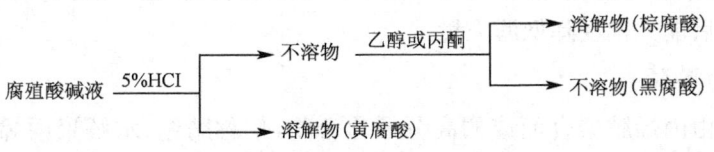

图2-2 腐殖酸组分分类

元素分析表明,腐殖酸的化学组成一般为:C含量55%～65%;H含量5.5%～6.5%;O含量25%～35%;N含量3%～4%;还有少量的S和P。腐殖酸各组分的相对分子质量也相差较大,黄腐酸为300～400,棕腐酸为2000～20000,黑腐酸为10^4～10^5。腐殖酸的化学结构十分复杂,目前还不十分清楚,一般认为它是由几个相似的结构单元组成的大复合体,每个结构单元又由核、桥键和活性基团组成。其可能的结构式如下:

用量仅次于铁铬盐和褐煤类产品,居第三位。

羧甲基淀粉是在预胶化淀粉的基础上,进一步与醚化剂氯乙酸反应,然后经洗涤、脱水、干燥、粉碎过筛得到的产品,其分子结构为:

$$\left[\begin{array}{c}\text{CH}_2\text{OCH}_2\text{COONa} \\ \text{OH} \\ \text{HO}\end{array}\right]_n$$

羟乙基淀粉是在预胶化淀粉基础上,与氯乙醇或环氧乙烷反应生成的,其分子结构为:

$$\left[\begin{array}{c}\text{CH}_2\text{OCH}_2\text{CH}_2\text{OH} \\ \text{OH} \\ \text{HO}\end{array}\right]_n$$

羟丙基淀粉是在预胶化淀粉基础上,与环氧丙烷反应制得的,其分子结构为:

$$\left[\begin{array}{c}\text{CH}_3 \\ \text{CH}_2\text{OCH}_2\text{CHOH} \\ \text{OH} \\ \text{HO}\end{array}\right]_n$$

改性淀粉由于分子中含有大量的羟基、甙键和醚键,它们能与黏土颗粒上的氧或羟基发生氢键吸附;而强水化基团可使黏土颗粒表面的溶剂化膜增厚、ζ电位提高;淀粉分子链是螺旋状结构且相对分子质量较高,可吸附多个黏土颗粒形成空间网架结构,也有利于提高其聚结稳定性;改性淀粉的增黏性能强,能提高钻井液中自由水的黏度和降低滤饼的渗滤作用,故改性淀粉加入钻井液后能大幅度降低滤失量。

5. 水解聚丙烯腈

聚丙烯腈是由丙烯腈聚合而成的高分子化合物,俗称腈纶,水解聚丙烯腈(HPAN)是以腈纶生产中的废丝为原料,用碱水解后得到的产物。水解反应为:

$$\left[\begin{array}{c}\text{CH}_2-\text{CH} \\ | \\ \text{CN}\end{array}\right]_n + \text{NaOH} + \text{H}_2\text{O} \longrightarrow \left[\begin{array}{c}\text{CH}_2-\text{CH} \\ | \\ \text{COONa}\end{array}\right]_x \left[\begin{array}{c}\text{CH}_2-\text{CH} \\ | \\ \text{CONH}_2\end{array}\right]_y \left[\begin{array}{c}\text{CH}_2-\text{CH} \\ | \\ \text{CN}\end{array}\right]_z$$

由此可见,水解聚丙烯腈在结构上可以看成是丙烯酸钠、丙烯酰胺、丙烯腈的三元共聚物。分子链上的腈基和酰胺基是吸附基团,钠羧基是水化基团。未水解的腈基在井底高温碱性条件下可水解成酰胺基或钠羧基,这样就缓和了井下高温对整个分子链的作用,故能提高其抗温性。

水解聚丙烯腈处理钻井液的性能主要决定于其相对分子质量和水解程度。相对分子质量较高的 HPAN 降滤失能力比较强,增加钻井液的黏度也较明显;相对分子质量较低的 HPAN 降滤失能力较弱,增黏作用也不明显。水解聚丙烯腈可耐高温,抗盐能力也较强,但抗钙能力较弱,遇到高浓度的氯化钙溶液就生成絮状沉淀。

作为降滤失剂使用的主要有下列腐殖酸衍生物。

1) 煤碱剂

煤碱剂(NaC)是由褐煤加适量烧碱和水配制而成的,其主要有效成分为腐殖酸钠。腐殖酸在褐煤中的含量为20%～80%,它难溶于水,易溶于碱溶液,生成腐殖酸钠。现场配制煤碱剂的配比为褐煤:烧碱:水=15:(1～3):(50～200),具体配比视褐煤的腐殖酸含量和实际使用条件而定。

由于腐殖酸分子的基本骨架是碳链和芳环结构,因此煤碱剂有很好的热稳定性。室内实验表明,对于淡水钻井液,在200℃静置恒温24h,其降滤失性能基本不变。但煤碱剂的抗盐和抗钙能力较差。

由于腐殖酸分子中含有较多的可与黏土颗粒吸附的官能团,特别是邻位双酚羟基,又含有水化作用较强的钠羧基等基团,使腐殖酸钠既有降滤失作用,又兼有稀释作用。

2) 铬褐煤(铬腐殖酸)

铬褐煤是重铬酸盐与褐煤的反应产物,其中腐殖酸与重铬酸盐的质量比为3:1或4:1。两者的混合物在80℃以上反应生成腐殖酸或氧化腐殖酸的铬螯合物,其有效成分是铬腐殖酸。反应包括氧化和螯合两步,氧化使腐殖酸的亲水性增强,同时重铬酸盐被还原成Cr^{3+},Cr^{3+}再与氧化腐殖酸或腐殖酸进行螯合。铬腐殖酸在水中有较大的溶解度,其抗盐、抗钙能力都优于腐殖酸钠。

铬腐殖酸既有降滤失作用,又有稀释作用。尤其是它与铁铬盐复合使用时,有良好的协同效应。由铁铬盐、铬腐殖酸和表面活性剂组成的"铬腐殖酸活性剂钻井液"具有良好的热稳定性和防塌效果,曾在6280m的高温深井和易塌地层使用。

3) 硝基腐殖酸

硝基腐殖酸是用浓度为3mol/L左右的稀硝酸与褐煤在40～60℃反应制成的。投料配比为腐殖酸:硝酸=1:2,反应包括氧化和硝化两步,均为放热反应。反应使腐殖酸平均相对分子质量降低,羧基增多,并在分子中引入了硝基。

硝基腐殖酸再与烧碱作用便得到其钠盐。硝基腐殖酸钠具有良好的降滤失性和稀释作用,其突出特点是抗盐能力增强。此外,它还具有较高的热稳定性(抗温可达200℃以上),抗钙能力也较强。

4) 磺甲基褐煤

磺甲基褐煤(SMC)是由甲醛和亚硫酸钠或亚硫酸氢钠在pH值为9～11条件下与褐煤经磺甲基化反应制得的。反应产物进一步用重铬酸盐进行氧化和螯合,生成的磺甲基腐殖酸对钻井液的处理效果更好。

磺甲基褐煤既有降滤失作用又有稀释作用,其主要特点是热稳定性高,在200～220℃的高温下能有效地控制淡水钻井液的滤失量和黏度;其缺点是高温下的抗盐性能较差。

3. 树脂类降滤失剂

1) 磺甲基酚醛树脂

SMP与SP均为磺甲基酚醛树脂的商品代号,它们的合成路线略有不同。

SMP的合成是先在酸性条件(pH=3～4)下使甲醛与苯酚反应,生成适当相对分子质量的线型酚醛树脂,再在碱性条件下加入磺甲基化试剂进行磺甲基反应。适当控制反应条件,可得到磺化度较高、相对分子质量较大的产品,其反应式为:

$$n\;\text{PhOH} + n\,CH_2O \xrightarrow[\triangle]{H^+} \left[\begin{array}{c}\text{OH}\\ \text{—C}_6\text{H}_3\text{—CH}_2\text{—}\end{array}\right]_n + (n-1)H_2O$$

$$\left[\begin{array}{c}\text{OH}\\ \text{—C}_6\text{H}_3\text{—CH}_2\text{—}\end{array}\right]_n + n\,CH_2O + n\,NaHSO_3 \xrightarrow{OH^-} \left[\begin{array}{c}\text{OH}\\ \text{—C}_6\text{H}_2(\text{CH}_2\text{SO}_3\text{Na})\text{—CH}_2\text{—}\end{array}\right]_n$$

SP 的合成是将苯酚与甲醛、亚硫酸钠或亚硫酸氢钠一次投料，在碱性条件下，边缩合边磺甲基化，生成磺甲基酚醛树脂，其反应式为：

$$\text{PhOH} + CH_2O + NaHSO_3 \xrightarrow{OH^-} \left[\begin{array}{c}\text{OH}\\ \text{—C}_6\text{H}_2(\text{CH}_2\text{SO}_3\text{Na})\text{—CH}_2\text{—}\end{array}\right]_n$$

磺甲基酚醛树脂是一种水溶性的不规则线型高分子，分子结构主要以苯环、亚甲基桥和 C—S 键组成。分子中的酚羟基为吸附基团，磺甲基为亲水基团。它的抗盐能力和热稳定性均很强，抗温可达 200~220℃。

2) 磺化木质素磺甲基酚醛树脂缩合物(SLSP)

磺化木质素磺甲基酚醛树脂缩合物(SLSP)是一种水溶性线型高分子共聚物。它的制备分两步完成，首先在碱性催化下苯酚、甲醛与亚硫酸氢钠发生缩合反应，生成磺甲基酚醛树脂。然后将其与磺化木质素(纸浆废液)在甲醛溶液和氢氧化钠存在的条件下，加热回流进行脱水缩合，经干燥后即可得到 SLSP 产品。

SLSP 的热稳定性好，抗盐、抗钙能力强。用 SLSP 处理的钻井液经 150~180℃ 高温后，滤失量变化不大。由于其分子中含有大量的磺酸基团，遇到大量钠离子、钙离子或镁离子时，不易产生去水化作用和盐析现象。SLSP 分子链上含有羟基等吸附基团，能与黏土颗粒上的氧进行氢键吸附。磺酸基团可使黏土颗粒表面的溶剂化水膜增厚、ζ 电位提高，因而可提高黏土颗粒的聚结稳定性。由于 SLSP 的稳定胶体颗粒作用，可提高钻井液的黏度，从而使滤失量降低。

3) 磺化褐煤树脂

磺化褐煤树脂是美国推荐使用的一种新型钻井液处理剂，其商品名为 Resinex，由 50% 的磺化褐煤和 50% 的磺甲基酚醛树脂组成。产品易溶于水，在 pH=7~14 的各种水基钻井液中均可使用。它是一种抗盐耐温的降滤失剂。在盐水钻井液中抗温可达 230℃，抗盐最高可达 1.1×10^5 mg/L；在含钙量 2000mg/L 的情况下，仍能保持钻井液性能稳定。在降滤失的同时，它不增加钻井液的黏度，尤其在高密度钻井液中实现了控制滤失量而不增加钻井液的黏度。用磺化褐煤树脂处理的钻井液滤饼渗透性极低，对于稳定井壁、预防黏卡和不堵塞油气层都是有利的。

4. 改性淀粉

改性淀粉，如羧甲基淀粉、羟乙基淀粉、羟丙基淀粉，在钻井液处理剂中占有重要地位，其

三、絮凝剂

随着钻井技术的发展，人们更加重视钻井液组成对钻速的影响。研究表明，钻井液的类型、组成和性能是直接影响钻速和成本的重要因素，尤其是钻井液中的固相含量是影响钻速和成本的关键因素。20世纪60年代末期国外将高分子絮凝剂引入钻井液，不分散无固相、低固相聚合物优质钻井液得到应用，从而使钻速大幅度提高。我国20世纪70年代开始研制和试用该类钻井液和絮凝剂，目前这类钻井液已经成为喷射钻井技术中不可缺少的必要条件。

目前使用的絮凝剂均为有机高分子化合物，它们可以使钻井液中的钻屑和劣质土处于不分散的絮凝状态，并通过机械固控设备将其清除，较好地解决了分散型钻井液体系中钻屑（劣质土）的分散和在钻井液中的积累问题。其结果是不仅提高了机械钻速，而且减少了钻井过程中的许多复杂性况，较好地保护了油气层，降低了钻井成本，取得了非常好的经济效益。

1. 聚丙烯酰胺

聚丙烯酰胺（PAM）是油田中应用最广泛的一种水溶性聚合物，是由丙烯酰胺在引发剂的作用下聚合而成的链状（线型）高分子化合物。它不仅具有絮凝作用，而且还有降滤失作用。随聚丙烯酰胺的相对分子质量不同，其水溶性、水溶液黏度、絮凝效果、降滤失效果都会发生很大变化。其分子结构为：

$$\left[CH_2-CH \right]_n \atop | \atop CONH_2$$

2. 部分水解聚丙烯酰胺

聚丙烯酰胺只适用于作全絮凝剂，但有时希望钻井液中留下膨润土，只将钻屑去掉，这时就需要使用选择性絮凝剂，而部分水解聚丙烯酰胺（HPAM）可起到这种选择性絮凝作用。

部分水解聚丙烯酰胺是由聚丙烯酰胺在碱性条件下进行水解而得到的产物，水解反应可用下式表示：

$$\left[CH_2-CH \right]_n \atop | \atop CONH_2 + NaOH + H_2O \longrightarrow \left[CH_2-CH \right]_x \atop | \atop CONH_2 \left[CH_2-CH \right]_y \atop | \atop COONa$$

上式表示在水解反应中，聚丙烯酰胺分子中只有一部分酰胺基团水解生成钠羧基，即分子链上同时有两种基团存在。这种水解产物既不同于水解前的聚丙烯酰胺，也不同于聚丙烯酸钠，故称部分水解聚丙烯酰胺，常简称为水解聚丙烯酰胺。

聚丙烯酰胺分子中的酰胺基水解成钠羧基的百分数称为聚丙烯酰胺的水解度。由于钠羧基和酰胺基的性质不同，所以水解度不同时，其许多重要的性质都要发生变化。钠羧基在水中完全离解，使分子带电和水化，给高分子链带来水化膜，称为水化基团；而酰胺基在水中不离解，它可以在黏土颗粒表面发生吸附，称为吸附基团。通过调节聚丙烯酰胺的水解度，就可以控制它的吸附性、带电、水化能力和分子链的形态，从而可获得不同絮凝能力和降滤失效果的产品，使其适用于不同的钻井液中。

3. 醋酸乙烯酯—顺丁烯二酸酐共聚物

醋酸乙烯酯—顺丁烯二酸酐共聚物（VAMA）的分子结构为：

$$-[CH_2-CH]_m-[CH-CH]_n-$$
$$\quad\quad\; CH_3COO \quad\quad CO\;\;CO$$
$$\quad\quad\quad\quad\quad\quad\quad\quad\;\; \backslash\;/$$
$$\quad\quad\quad\quad\quad\quad\quad\quad\;\;\; O$$

这种共聚物在碱性钻井液中可发生水解反应,有:

$$-[CH_2-CH]_m-[CH-CH]_n- \xrightarrow{NaOH/H_2O} -[CH_2-CH]_m-[CH-CH]_n-$$
$$\quad\;\; CH_3COO \quad\;\; CO\;\;CO \quad\quad\quad\quad\quad\quad\quad OH \quad\;\; COONa\;COONa$$
$$\quad\quad\quad\quad\quad\quad\;\; \backslash\;/$$
$$\quad\quad\quad\quad\quad\quad\;\;\; O$$

这种水解产物的羟基为吸附基团,可通过氢键吸附在黏土颗粒上,而水化和带电基团仍是钠羧基。

VAMA 适于作钻井液的选择性絮凝剂。

四、页岩抑制剂

在钻遇页岩地层时,易发生井壁坍塌,这是钻井工程中的一个重要问题。井壁坍塌虽然与地质条件有关,但从工艺上讲,直接与钻井液的性能有关。井壁坍塌不仅影响钻井的速度和质量,有时甚至关系到一口井的成败。能够抑制页岩水化、膨胀、分散的化学剂称为页岩抑制剂。

1. 无机盐

效果最好的无机盐有 KCl、$(NH_4)_2SO_4$。

在蒙脱石等黏土矿物中,相邻的硅氧四面体共用氧原子,可组成六角环状结构,六角环内切圆的直径为 0.288nm,而未水化的钾离子与铵离子的直径均小于内切圆内径,因此这两种离子可镶嵌到相邻两层硅氧四面体组成的六角环中,将带负电的黏土片紧紧连接在一起,增加了黏土层间的引力。钾离子与铵离子的水化能也较低,故水化膜较薄,当它们进入黏土层间时,可减少黏土的水化,从而抑制了黏土水化膨胀。此外,这些无机阳离子还可压缩黏土表面双电层,使 ζ 电位降低,有利于一些有机处理剂的吸附,增加有机处理剂的作用效果。

无机盐类都有减少黏土表面水化和渗透水化的作用,但由于离子半径和水化能不一样,使得它们对黏土页岩的稳定能力不一样。

2. 高分子化合物

许多高分子化合物对页岩有稳定作用,但不同的高分子化合物对页岩的稳定机理有所不同。如聚丙烯酰胺、水解聚丙烯酰胺和磺甲基聚丙烯酰胺等高分子化合物,可在滤饼井壁上形成多点吸附,形成纵横交错的大分子吸附膜,增强井壁上页岩的强度。此外,由于水化基团的水化作用,可阻止自由水向地层渗透,抑制页岩水化膨胀。磺甲基聚丙烯酰胺的分子结构为:

$$-[CH_2-CH]_x-[CH_2-CH]_y-[CH_2-CH]_z-$$
$$\quad\quad\;\; CONH_2 \quad\quad CONH \quad\quad\;\; CONH$$
$$\quad\quad\quad\quad\quad\quad\quad\quad\;\; CH_2OH \quad\quad CH_2SO_3Na$$

钠羧甲基纤维素等聚阴离子化合物可以稳定钻井液中的细黏土颗粒,而高分子化合物本身的尺寸大小也在溶胶颗粒范围内,因此可使钻井液中的黏土颗粒形成薄而坚韧的滤饼,防止钻井液中的水分渗入地层,抑制了页岩水化膨胀。

由于磺化沥青、磺化妥尔油等的分子中含有磺酸基,有很强的水化作用,当其吸附在页岩层间时,可阻止页岩颗粒的水化分散。当它们吸附在滤饼表面上时,由于其非极性基亲油性较强,可在井壁上形成一层疏水膜,从而阻止钻井液中的水分向地层渗透。

此外,褐煤改性产物如腐殖酸钾、硝基腐殖酸钾、磺化硝基腐殖酸钾等都有防塌功能。

第三节 油井水泥与水泥外加剂

固井是油井建设中的重要环节。固井质量的好坏,直接影响到该井的继续钻进以及后续的完井、采油、修井等各项作业的质量。

固井作业分为两个部分,即下套管和注水泥。

根据不同的情况,有的井要下几次套管,进行几次固井。例如:(1)有的地层,地表土层很容易坍塌,有时需要下表层套管加固。(2)有的地区有高压水层和疏松的砾石层,钻井液滤失严重,往往在这些地层钻过后立即下套管固封,以保证继续向下钻进,这些套管称为中间套管或技术套管。(3)有些井贯穿多个油气层,为防止各油气层互相串通,或封闭尚不开采的油气层,保证油井自始至终处于人的控制之中,还必须下入油层套管油层套管是原油从地下被采集到地面的生产通道,如图2-3所示。

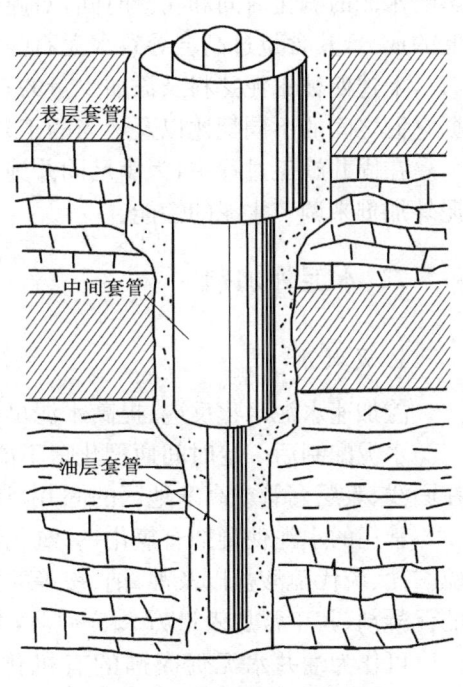

图 2-3 套管层次示意图

油井水泥是用来充填套管和井眼之间的环形空间的。它的主要作用是:隔绝流体在地层中的流动;支撑套管,防止管壁腐蚀;封隔漏失层或低压层等。注水泥的过程是指配制水泥浆,把它沿套管向下泵送,使其上返至套管外环形空间,并在环形空间凝结的过程。经过一定的侯凝时间之后,凝结的水泥应具有较低的渗透率和一定的抗压强度。

钻井液或滤饼中的化学处理剂可能污染随后顶替它们的水泥浆,改变水泥浆的性能,或使水泥浆含有气泡。因此,在注水泥前需要用冲洗液清洗环形空间或打入一段隔离液。

一、油井水泥

常用的油井水泥为硅酸盐水泥,是用石灰石、黏土、页岩、铁矿石等按一定比例混合后,在1400~1600℃高温下锻烧成熟料,迅速冷却后进行研磨而生成的。在研磨时加入少量的石膏可以调节水泥的凝结时间。

煅烧水泥的原料中主要成分有:氧化钙(65%)、二氧化硅(22%)、氧化铁(4%)、三氧化二铝(5%)、氧化镁(1%)和其他物质(3%)。表2-1列出了煅烧后水泥中的主要成分。

表 2-1 水泥的主要成分及性能

成分	化学式	代号	含量 %	三天水化量 %	三天后抗压强度 MPa
铝酸三钙	$3CaO \cdot Al_2O_3$	C_3A	8	83	7.6
硅酸三钙	$3CaO \cdot SiO_2$	C_3S	53	36	24.2
硅酸二钙	$2CaO \cdot SiO_2$	C_2S	24	7	0.49
铁铝酸四钙	$4CaO \cdot Al_2O_3 \cdot Fe_2O_3$	C_4AF	8	70	11.5

在水泥的各成分中，硅酸三钙是水泥产生强度的主要成分，它对早期强度的影响很大，增大水泥中硅酸三钙的含量可得到高的早期强度。硅酸二钙水化较缓慢，能逐渐而长期地增加水泥强度，主要对水泥石的后期强度产生影响。铝酸三钙是促进水泥快速水化的成分，它可以影响水泥的稠化时间和初凝时间，对硫酸盐类的侵蚀最为敏感。铁铝酸四钙是水泥中水化较低的成分，其含量过高会导致水泥石强度下降。

上述四种水泥熟料及添加少量的石膏，是决定水泥强度、凝结时间等性质的主要因素。根据它们之间的不同配比以及适当的工艺因素，可得到不同性质和标号的水泥。

在固井施工过程中，为满足固井施工和固井质量的要求，在配制水泥浆时，要加入各种水泥外加剂来调节水泥的性能。

二、水泥外加剂

1. 促凝剂

能加速水泥水化反应、提高水泥早期强度的外加剂称为促凝剂或速凝剂。

水泥配制后一定时间便稠化得不能泵送，因此，必须控制施工时间，以保证施工安全。但在固浅、表层套管或高寒地区的固井，常要求尽量缩短水泥凝结时间，这就要加入促凝剂。

常用的水泥促凝剂有氯化钙、氯化镁、氯化钠、氯化铵、碳酸盐、三氯化铝、硅酸盐、硝酸盐、硫酸盐、硫代硫酸盐以及钾、钠、铵等的氢氧化物等无机化合物。其中氯化钙是最有效、最经济的促凝剂，其正常加入量为 2%～4%，在 50℃时，它可将稠化时间从 150min 降至 60min。

可作为油井水泥促凝剂的有机化合物有：草酸钙 $Ca(HCOO)_2$、草酸 $H_2C_2O_4$、甲酰胺 $CHONH_2$、三乙醇胺 $N(C_2H_4OH)_3$。

2. 缓凝剂

能延缓水泥水化反应、延长水泥浆凝结时间的外加剂称为缓凝剂。

对于深井或地温梯度高的井，由于井下温度、压力较高，使水泥浆的凝结时间缩短，流动性变差。为确保施工安全，要加入能延长水泥凝结时间的外加剂，以保证有足够的施工时间。

常用的缓凝剂有木质素磺酸盐、酒石酸、蔗糖、磷酸（盐）、硼酸（盐）、氢氟酸（盐）、氧化锌、氧化铝等。酒石酸和蔗糖的分子结构如下：

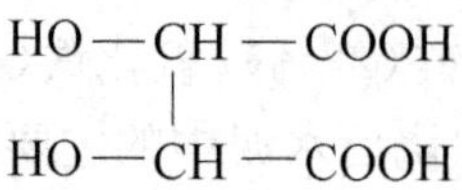

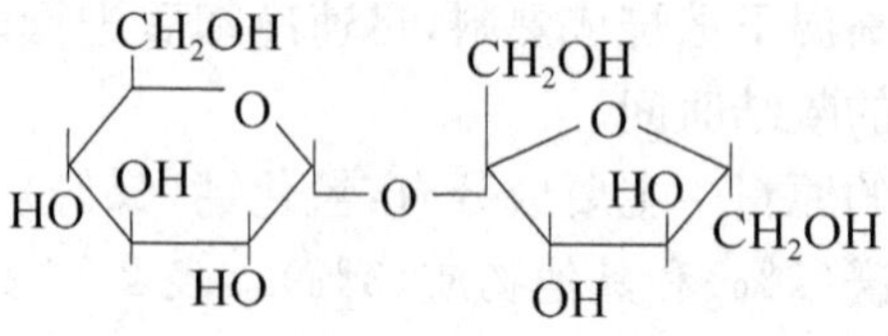

3. 减阻剂

能降低水灰比和改善水泥浆流变性能的外加剂称为水泥减阻剂。

水泥浆要求有较好的流动性能,这取决于水泥浆的水灰比和颗粒间的相互作用,而这种相互作用又与颗粒表面的电荷分布有关。减阻剂主要对水泥颗粒的电学性质产生影响,使水泥浆黏度下降,流动性增强,从而实现低速紊流注入。减阻剂还可改变水泥石的微观孔隙结构,生成较多的微孔隙,使水泥石的结构更为密实,提高水泥的耐久性。

常用的减阻剂有木质素磺酸盐、腐殖酸改性产物、磺化苯乙烯—顺酐共聚物、聚丙烯酸钠、β—萘磺酸甲醛缩合物、磺化蜜胺树脂等。

β—萘磺酸甲醛缩合物是以萘为原料,经磺化、缩合反应而生成的。萘的磺化可用浓硫酸或发烟硫酸为磺化剂,在低温(60℃)时主要生成α—萘磺酸,在高温(165℃)时则生成β—萘磺酸。因缩合物反应通常发生在萘核的α位上,故β—萘磺酸比α—萘磺酸易于进行缩合反应。生成的β—萘磺酸可与甲醛在酸性条件下缩聚,生成β—萘磺酸甲醛缩合物,缩合物的 n 值一般为9~13。缩合产物需用氢氧化钠中和,其中未反应的硫酸也被中和生成硫酸盐。

β—萘磺酸甲醛缩合物的分子结构为:

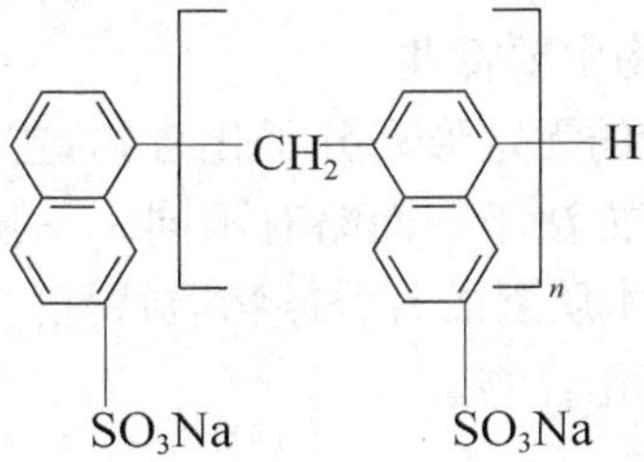

蜜胺树脂是一种水溶性聚合物,其化学名称为三聚氰胺甲醛树脂。它是由三聚氰胺与甲醛在一定条件下生成三羟甲基三氰胺,然后与亚硫酸氢钠作用生成三羟甲基三氰胺单磺酸盐,此物经聚合后得到磺化蜜胺树脂。

磺化蜜胺树脂的分子结构为:

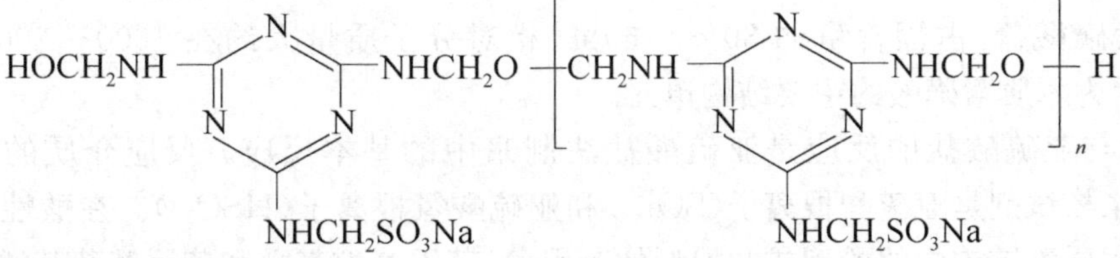

4. 降滤失剂

降滤失剂是指能控制水泥浆的滤失速率以维持水灰比的外加剂。

由于泵送施工工艺的要求,水泥浆的水灰比在0.4~0.5范围内,水在水泥浆中起分散介质的作用。注水泥施工通常需要几小时,候凝时间则更长。在此期间,水泥浆中的自由水一部分要参加水化反应,一部分则在液柱和地层压差作用下滤失到地层中。

过多的水分滤失到地层中去,会造成许多危害。例如,水分滤失的同时可使大量的钙离子渗入地层,若地层水中含有硫酸根或碳酸根,就会与钙离子产生沉淀堵塞地层,造成地层伤害。一些细小的水泥微粒也可随滤失水分进入地层孔隙,引起更为严重的物理堵塞。水分滤失会使水泥浆变稠,导致流动性变差,增大泵压。如果遇到高渗透地层,失水过多会使水泥浆出现早凝或瞬凝,影响正常施工。过多的水分滤失也是造成气窜的主要原因之一。若气层之上有高渗透层,水泥浆高失水后滤饼将桥堵于高渗透层附近并支撑上部液柱压力,造成气层井段水泥浆的有效压力降低,一旦该压力低于一定值,气层中的气体即可窜入水泥浆发生气侵,严重时甚至发展到整个环形空间被气体窜通,造成固井失败。

常用的降滤失剂有羧甲基纤维素、羟乙基纤维素、羧甲基羟乙基纤维素、丙烯酰胺-丙烯酸共聚物、聚乙二胺等高分子化合物以及膨润土、沥青粉、热塑性树脂微粒等。上述固体微粒一般比水泥颗粒更细微,用来调整组配,堵塞滤饼的孔隙,这是降低滤失的方法之一,但通常是使用水溶性聚合物来控制失水。

第四节 木质素磺酸盐与铁铬木质素磺酸盐

木质素广泛地存在于各种植物中,是构成植物骨架的主要成分之一,在数量上仅次于地球上存在的有机物中号称最大量的纤维素。木质素的含量在针叶木中为25%~35%,在阔叶木中为18%~22%,在禾本科植物中为16%~25%。在不同的植物中木质素含量差别很大,在木本植物中要高一些,在草本植物中要低些。

木质素是一种结构极其复杂的无定形高分子化合物,主要由碳、氢、氧三种元素组成。各种元素的含量随原料品种和分离方法不同而略有不同。一般含碳量可高达60%~66%,而含氢量仅为5%~6.5%,这显示出木质素的芳香族物质特性。木质素具有的紫外吸收光谱和较高的折射率也表明它属于芳香族化合物。

一、木质素磺酸盐的结构及应用

木质素磺酸盐主要来自于亚硫酸造纸的废液,又称亚硫酸纸浆废液。在这种纸浆废液中,除木质素磺酸盐外,还有糖类、树脂、蛋白质、单宁及其他有机和无机物质。此废液经发酵后可使糖变成乙醇,将乙醇蒸出后剩余的蒸馏残液称为亚硫酸钠乙醇残液。这种残液经浓缩后为黏稠状的深褐色液体,当浓缩液的相对密度达1.25~1.30时,其固含量达50%以上,主要成分是木质素磺酸盐,占固含量的30%~60%,相对分子质量大约在1000~20000范围内。图2-4所示为木质素磺酸的主要结构单元。

木质素与亚硫酸盐的反应是亚硫酸盐法制浆中的基本反应。反应介质的pH值约为1~2,主要亲核试剂是亚硫酸根离子(SO_3^{2-})和亚硫酸氢根离子(HSO_3^-)。在酸性亚硫酸盐蒸煮条件下,木质素结构中的酚型或非酚型的苯甲醇、苯甲基烷基醚和苯甲基芳基醚等形式的结构基团,均能脱去α—碳原子上的取代基而形成正碳离子,极易与反应物中的亲核试剂反应,生成α—磺酸。其反应可用下式表示:

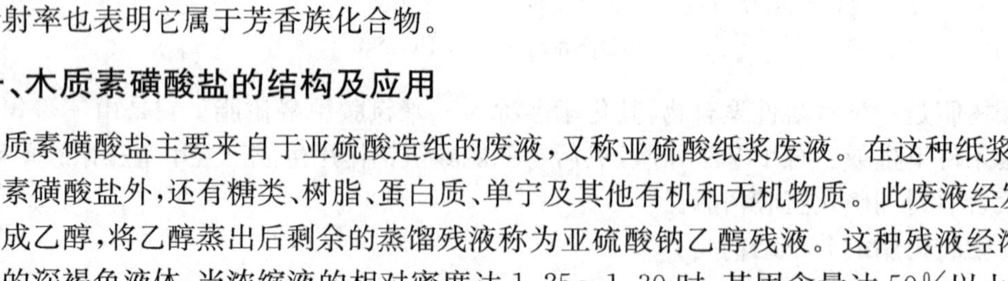

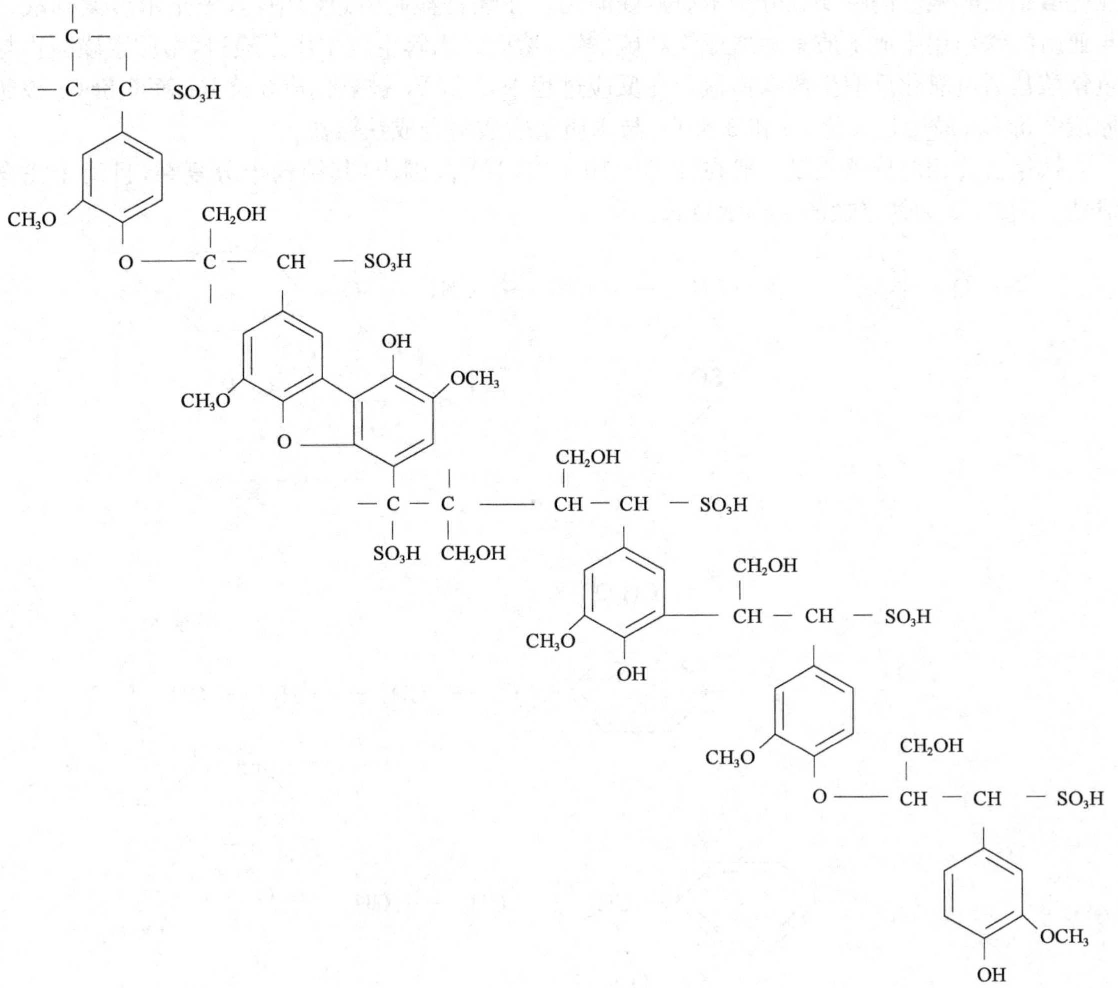

图 2-4 木质素磺酸的主要结构单元

在亚硫酸废液中,根据蒸煮基的不同,可以有钠基、钙基、镁基和铵基废液,其中的木质素磺酸盐分别以钠盐、钙盐、镁盐或铵盐的形式存在。

木质素本身是不溶于水的无定形物,但经磺化后,在分子链上引入了磺酸基团,则成为水溶性物质。其水溶性与磺化度有关,磺化度低于 2%～3%时,就变得难溶或不溶了。我国的亚硫酸盐法蒸煮废液中的木质素磺酸盐的磺化度一般大于 5%。

木质素磺酸盐在油田中可作为三次采油用剂和钻井液处理剂。由于木质素磺酸盐对地层岩石有较强的吸附能力,且价格便宜,因此可作为驱油剂的前置牺牲剂,以减少驱油剂的吸附损失。在钻井液中,木质素磺酸盐分子结构中烷氧基上的氧原子可与黏土断面处的 Al^{3+} 形成配位键,吸附在黏土颗粒表面上,形成水化膜拆散其网状结构,起到降黏稀释作用。

二、铁铬木质素磺酸盐

铁铬木质素磺酸盐简称铁铬盐,是钻井液中常用的稀释剂。

1. 铁铬盐的制备

铁铬盐是由亚硫酸钠乙醇残液与硫酸亚铁和重铬酸盐在 78～80℃下反应制得的。所用亚硫酸钠乙醇残液的主要成分是木质素磺酸钙。在铁铬盐制备过程中,首先是木质素磺酸钙与亚硫酸铁作用生成木质素磺酸亚铁和硫酸钙,然后经水解生成木质素磺酸,木质素磺酸再与重铬酸盐通过氧化反应生成铁铬盐。在反应过程中,2价Fe被氧化成3价Fe,而6价Cr被还原成3价Cr,最后是3价Fe和3价Cr与木质素磺酸络合成铁铬盐。

铁铬盐的相对分子质量一般在$(2.0\sim10.0)\times10^4$范围内,其结构十分复杂,且尚未完全清楚。图2-5为铁铬盐的结构示意式。

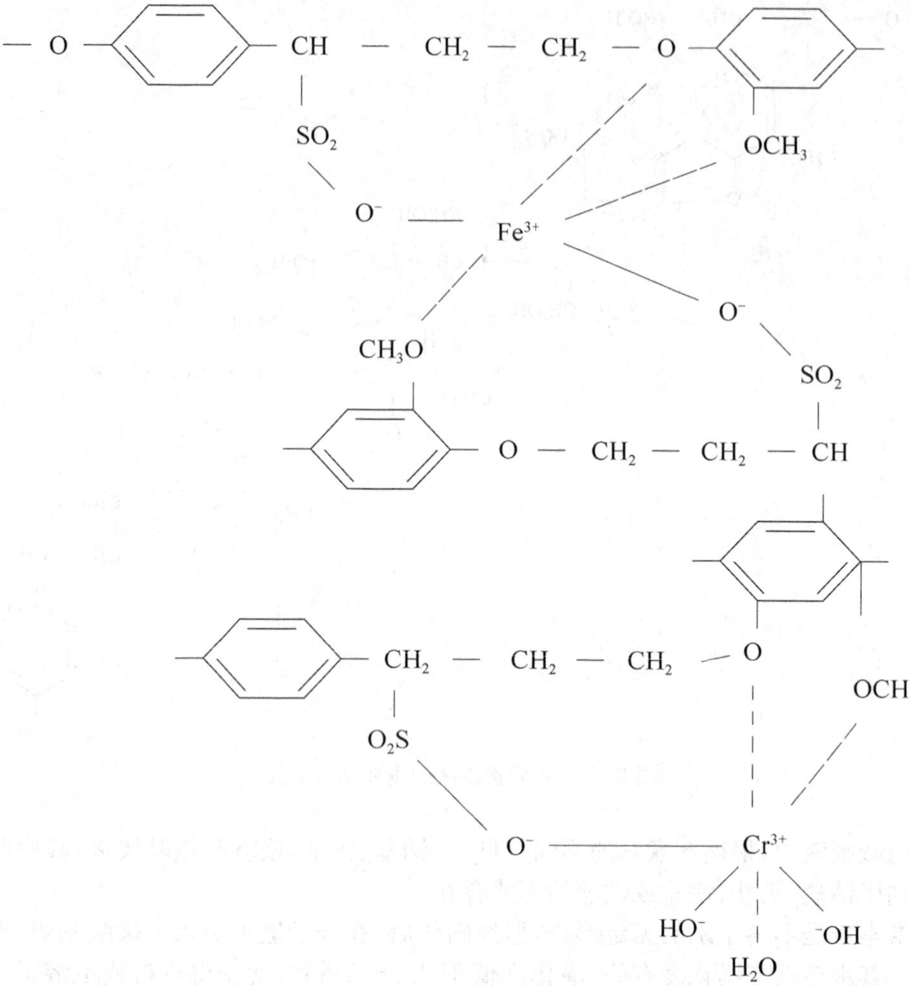

图2-5 铁铬盐结构示意式

2. 铁铬盐的性质

铁铬盐是一种黑褐色粉末。由于其分子中有螯合成五元或六元环的多官能团,因此3价Fe、3价Cr与木质素磺酸形成了稳定性较高的内络合物。铁铬盐中的铁离子和铬离子基本上不离解,因此它属于非离子型化合物,其抗盐和抗钙能力很强。

铁铬盐能溶于水及碱性和酸性溶液,在pH=1~11范围内,铁离子和铬离子都不与强离子交换树脂进行交换。它的水溶性与木质素磺酸的磺化度有关,磺化度越高,其水溶性越好。当水中铁铬盐浓度达30%~40%时,溶液逐渐变成黏稠性液体。

铁铬盐热稳定性较高,能耐170~180℃高温,这是由于磺酸基($-SO_3^-$)与分子链呈C—S键连接,键能较高,热稳定性好;此外,螯合结构也使其具有较高的稳定性。

铁铬盐分子链上的—O—、—OCH$_3$、—OH 等基团能与黏土颗粒边角上的铝离子发生吸附，其水化基团—SO$_3^-$可使黏土颗粒表面水化膜的厚度增加，ζ 电位提高，对钻井液起稳定作用。

由于铁铬盐具有上述性质，因此作为钻井液稀释剂，它具有抗盐、抗钙和耐温性好等优点，可用于淡水、海水和饱和盐水钻井液，以及各种钙处理钻井液和超深井钻井液，其缺点是含有重金属铬，在制备和使用过程中都易造成环境污染。随着人们环保意识的增强，铁铬盐的使用必然要受到限制。

第三章 油气开采用化学剂

我国的油田多采用早期注水方式进行开发。在开发过程中,油井(生产井)和注水井往往会出现各种问题,影响油田的开发。油井主要存在结蜡、出砂、出水、产量低、稠油开采等问题,影响正常生产;注水井主要存在注入剖面不均匀或吸水能力差等问题。

为了解决油水井存在的这些问题,往往采用化学方法,使用各种化学剂对油水井进行化学处理,尤其在油田开发的中后期,上述问题越趋严重,化学方法和化学剂在油田开发中的应用也更加重要和广泛。

第一节 酸化用化学剂

一、酸化的分类与酸液

近井地带的堵塞是影响地层渗透率的一个主要因素。对油水井进行酸处理(酸化),一方面可清除近井地带的堵塞物(如氧化铁、硫化铁、黏土),恢复地层的渗透率;另一方面可溶解地层砂粒间的胶结物(如碳酸盐和黏土胶结物),提高地层渗透率。

酸化是用酸液处理油水井的近井地带提高或恢复其渗透性的一种有效的增产增注措施。根据注入速度和注入压力,酸化有两种基本类型——注入压力低于破裂压力的称基岩酸化或渗透酸化;注入压力高于破裂压力时,称为压裂酸化。通常采用的是渗透酸化。

根据酸化目的和地层条件,选择适当的酸与添加剂配制的液体称为酸液。下列酸可用于配制酸液。

1. 盐酸

盐酸可溶解堵塞注水井的腐蚀产物,例如

$$Fe_2O_3 + 6HCl =\!=\!= 2FeCl_3 + 3H_2O$$
$$FeS + 2HCl =\!=\!= 2FeCl_2 + H_2S$$

从而恢复地层的渗透率,提高注入量。

盐酸也可溶解油水井的石灰岩、白云岩等碳酸盐岩地层或胶结物,例如

$$CaCO_3 + 2HCl =\!=\!= CaCl_2 + H_2O + CO_2 \uparrow$$
$$CaMg(CO_3)_2 + 4HCl =\!=\!= CaCl_2 + MgCl_2 + 2H_2O + 2CO_2 \uparrow$$

这些反应产物都可溶于水,它们可随废酸排至地面,这样就可以增大地层的孔道,提高近井地带的渗透率。处理油水井时,盐酸的质量浓度一般为6%~15%质量分数,但随着高效缓蚀剂的出现,盐酸的质量浓度已达到37%。

高浓度盐酸虽具有可处理深远地层、受地层水稀释作用小等优点,但也存在一些问题。如用高浓度盐酸酸化白云岩地层时,可产生分子式为 $CaCl_2 \cdot 2MgCl_2 \cdot 12H_2O$ 的钙镁盐。这种盐不溶于浓酸,它以黏膜的形式附着在岩石表面,使反应不能继续进行,或以颗粒的形式存在,使地层的孔隙堵塞。解决的办法是用浓酸和稀酸(或水)交替处理地层,因这种钙镁盐可溶于

稀酸(或水)中。

处理高温井或深井不能直接使用浓盐酸。由于温度高,盐酸与地层作用太快,因此酸化不到深远地层,影响酸化效果。

2. 氢氟酸

氢氟酸可以溶解堵塞物或胶结地层的黏土(其主要成分是高岭石或蒙皂石),也可溶解砂岩中的硅质物质(例如石英和长石),从而恢复或提高地层的渗透率。其有关反应为

$$SiO_2 + 6HF = H_2SiF_6 + 2H_2O$$

$$Al_2O_3 \cdot SiO_2 \cdot H_2O + 36HF = 2H_3AlF_6 + 4H_2SiF_6 + 12H_2O$$

$$Na_2O \cdot Al_2O_3 \cdot 6SiO_2 + 50HF = 2NaF + 2H_3AlF_6 + 6H_2SiF_6 + 16H_2O$$

由于氢氟酸有上述性质,所以对黏土堵塞或黏土胶结的砂岩进行酸处理时,可加入一定量的氢氟酸来提高酸处理的效果。实际酸处理时,常采用盐酸与氢氟酸按一定比例配制的混合酸,称为土酸。常用的土酸含3%的氢氟酸和12%的盐酸。

氢氟酸不能用于处理石灰岩和白云岩,因氢氟酸可与它们反应生成堵塞地层的沉淀,其反应为

$$CaCO_3 + 2HF = CaF_2 \downarrow + CO_2 \uparrow + H_2O$$

$$CaCO_3 \cdot MgCO_3 + 4HF = CaF_2 \downarrow + MgF_2 \downarrow + 2CO_2 \uparrow + 2H_2O$$

即使砂岩地层也会有一定数量的碳酸盐,所以用氢氟酸或土酸酸化地层前,必须用盐酸预处理,除去碳酸盐,以减少上述沉淀反应的不利影响。

3. 氨基磺酸

氨基磺酸(H_2NSO_3H)可与硫化铁、氧化铁、碳酸钙等反应生成可溶于水的氨基磺酸盐,有

$$FeS + H_2NSO_3H = Fe(H_2NSO_3)_2 + H_2S \uparrow$$

$$Fe_2O_3 + 6H_2NSO_3H = 2Fe(H_2NSO_3)_2 + 3H_2O$$

$$CaCO_3 + 2H_2NSO_3H = Ca(H_2NSO_3)_2 + CO_2 \uparrow + H_2O$$

因此氨基磺酸可用于解除地层的堵塞和提高地层渗透率。

氨基磺酸是一种固体粉末,常用于注水井的酸化。由于它在水中的溶解度不大(表3-1),在现场使用时,可用水将它携带并沉积在处理井的地层表面。注水时,注入水不断地将氨基磺酸溶解,连续酸化地层。也可将它与其他添加剂混合加工成型后下到注水井井底使用。

表3-1 氨基磺酸的溶解度表

温度,℃	0	20	40	60	80
溶解度,g/100g水	14.	21.3	22.5	37.1	47.1

与盐酸相比,氨基磺酸具有腐蚀性小、有效期长、能酸化较深地层、施工安全、储存运输方便等优点。但它的价格较贵,且当温度达到82℃以上时,它会水解生成硫酸。

4. 潜在酸

潜在酸是指能在地层条件下产生酸的物质,虽然它本身不是酸,但可认为它是一种特殊形式的酸。

潜在酸不仅可减缓酸对金属的腐蚀,而且可延缓酸与地层的反应速度,因此适用于高温深井。

可用的潜在酸有下列一些类型。

1) 卤代烃

卤代烃在 120～370℃条件下可发生水解,可适用于温度≥120℃的地层。

$$CCl_4 + 2H_2O \Longrightarrow 4HCl + CO_2$$
$$Cl_2CH-CHCl_2 + 2H_2O \Longrightarrow 4HCl + OCH-CHO$$
$$F_2CH-CHF_2 + 2H_2O \Longrightarrow 4HF + OCH-CHO$$
$$FClCH-CHClF + 2H_2O \Longrightarrow 2HCl + 2HF + OCH-CHO$$

2) 卤盐

卤盐在引发剂作用下,于 80～120℃分解,产生相应的无机酸。例如在甲醛作用下,氯化铵和氟化铵可发生以下反应,除产生盐酸和氢氟酸外,还生成具有缓蚀作用的六次甲基四胺。

$$NH_4Cl + CH_2O \longrightarrow (CH_2)_6N_4 + 4HCl + 6H_2O$$
$$NH_4F + CH_2O \longrightarrow (CH_2)_6N_4 + 4HF + 6H_2O$$

3) 酯、酰卤、酸酐

低分子的酯、酰卤、酸酐在一定温度下都可通过水解反应生成相应的酸。

$$HCOOCH_3 + H_2O \Longrightarrow HCOOH + CH_3OH$$
$$CH_3COOCH_3 + H_2O \Longrightarrow CH_3COOH + CH_3OH$$
$$CH_3COCl + H_2O \Longrightarrow CH_3COOH + HCl$$
$$(CH_3CO)_2O + H_2O \Longrightarrow 2CH_3COOH$$

二、酸化添加剂

油水井的酸化处理可清除地层堵塞,提高近井地带渗透率。但在酸化过程中存在着金属腐蚀、近井地带岩石与酸液反应速度过快、生成铁盐二次沉淀等一系列问题。为了防止上述问题,改进酸液的性能,需要在酸液中加入各种添加剂。

1. 酸液缓蚀剂

酸液缓蚀剂是能抑制或减缓酸液对金属腐蚀的化学剂,是酸化作业中重要的添加剂。

缓蚀剂按化学组成可分为无机缓蚀剂(如碘化钾、砷酸钠等)和有机缓蚀剂(如甲醛、胺及其衍生物)。酸化处理液中常使用有机缓蚀剂,它通常是通过在金属表面上吸附而形成一层保护膜而起到缓蚀作用。

在酸化作业中最常用的缓蚀剂是甲醛,它适用于低温(<80℃)地层和低浓度(15%)的酸。甲醛与体系中的氢离子反应生成配价化合物 CH_2OH^+,有

$$HCHO + H^+ \Longrightarrow CH_2OH^+$$

它在金属表面上吸附,使金属表面带正电,氢离子要靠近钢铁表面,就会受到静电排斥。

有机胺类也是常用的缓蚀剂,它们是通过氮原子与铁原子的配位结合,在金属表面形成疏水的吸附膜,从而达到缓蚀的目的。

可用于酸化作业的缓蚀剂有脂肪胺 RNH_2(R 为 $C_{10}\sim C_{20}$)、多乙烯多胺($n=1\sim 10$)、苯胺 $C_6H_5NH_2$、苄胺 $C_6H_5CH_2NH_2$、乙二醛 $OHC-CHO$、丙二醛 $OHC-CH_2-CHO$、聚氧乙烯脂肪胺、聚氧乙烯烷基酰胺、硫脲、二苯基硫脲等。

缓蚀剂在酸液中的使用浓度与酸浓度、地层温度、缓蚀剂种类等有关,好的缓蚀剂在酸液中的使用浓度应小于 $100mg/L$。

2. 缓速剂

能延缓酸液对地层反应速度的化学剂称为缓速剂。

酸液刚与地层接触时,由于浓度高,与堵塞物及胶结物的反应速度很快,可使大量的胶结物溶解,严重时会引起出砂。而离井眼较远的地层,由于酸液的浓度减小,反应速度减慢,溶解能力不大,因此酸化效果不好。采用缓速剂可降低酸液在近井地带的反应速度,扩大酸处理半径,提高酸化效果。

常用的缓速剂有表面活性剂和聚合物两大类。

1)表面活性剂

在酸液中加入可溶于酸的表面活性剂,可降低酸与地层的反应速度。表面活性剂是通过它在地层表面上的吸附来降低酸与地层的反应速度的。表面活性剂是比较理想的缓速剂,因它刚与地层接触时,浓度高、吸附量大,降低反应速度的能力大,可控制高浓度酸的反应速度;随着酸液进入地层内部,表面活性剂浓度降低,吸附量也相对减少,因而降低反应速度的能力也减小,正适合低浓度酸的作用。

可作为酸化缓速剂的表面活性剂有烷基磺酸盐、烷基苯磺酸盐、脂肪醇聚氧乙烯醚、烷基酚聚氧乙烯醚、氯化烷基三甲铵、氯化烷基吡啶。

在酸液中加入表面活性剂除可降低反应速度外,还可降低地层的毛细管阻力,减少酸化压力,使酸化后的残液易于排出。

2)聚合物

通过提高酸液的黏度也可降低酸与地层的反应速度。在酸液中加入可溶性聚合物可达到提高黏度的目的。由于酸液黏度的增加,降低了酸中的质子扩散到地层表面的速度和反应产物由地层表面扩散到酸中去的速度,因此聚合物是通过增加体系黏度抑制物质的扩散速度,从而起到减缓酸液与地层反应速度的作用。

可作为缓速剂的聚合物有:聚乙二醇、聚乙烯醇、聚氧乙烯聚氧丙烯丙二醇醚、聚丙烯酰胺、水解聚丙烯酰胺、聚乙烯吡咯烷酮等。

也可用乳化剂将酸液与油相配制成油包水型乳状液用于酸化。油相可采用各种馏分油,乳化剂可采用 Span 和 Tween 的混合物。由于酸液被油相包裹,可降低酸与地层的反应速度,起到缓速作用。

3. 铁稳定剂

在酸化过程中,金属的腐蚀和氧化铁、硫化亚铁及含铁矿物在酸中的溶解,都可产生铁盐。随着酸化的进行,酸浓度越来越低,而铁盐含量也越来越高,当酸液的 pH 值和溶于其中的铁盐浓度达到一定值时(见表 3-2),铁盐可按以下两式发生水解,重新生成堵塞地层的沉淀(称二次沉淀):

$$FeCl_2 + 2H_2O \Longrightarrow Fe(OH)_2 \downarrow + 2HCl$$
$$FeCl_3 + 3H_2O \Longrightarrow Fe(OH)_3 \downarrow + 3HCl$$

表 3–2　铁盐质量浓度与可水解析出时的 pH 值

$FeCl_2$ 浓度（质量分数），%	沉淀开始析出时的 pH 值	$FeCl_3$ 浓度（质量分数），%	沉淀开始析出时的 pH 值
6.0×10^{-1}	7	6.0×10^{-1}	2
6.0×10^{-3}	8	6.0×10^{-4}	3
6.0×10^{-5}	9	6.0×10^{-7}	4
6.0×10^{-7}	10	6.0×10^{-10}	5

由表 3–2 可以看出，当 $FeCl_2$ 和 $FeCl_3$ 的浓度都为 0.6% 时，前者开始水解析出的 pH 值为 7，而后者为 2。可见当酸的浓度逐渐减少，即 pH 值逐渐增加时，$FeCl_3$ 将比 $FeCl_2$ 先水解而析出沉淀。

为防止这种二次沉淀的发生，在酸化液中通常要加入一定量的稳定剂。稳定剂都是络合剂，它们能与铁离子生成在较高 pH 值下也不产生沉淀的稳定络离子，从而有效地抑制铁的沉淀。

目前常用的铁稳定剂有醋酸、草酸、乳酸、柠檬酸、次氮基三乙酸、乙二胺四乙酸等。

作为稳定剂的醋酸还可起到 pH 值控制剂的作用。醋酸与砂岩和黏土不发生反应，而与氧化铁、硫化亚铁及碳酸盐反应很慢。因此，若在酸液中加入足够量（1%～5%）的醋酸，则可使残酸保持在较低的 pH 值（2.4～2.8），抑制铁盐的水解。

4. 助排剂

助排剂是指能帮助工作残液从地层返排的物质。使用助排剂可使酸化残液及时返排至地面，减小二次沉淀对地层的伤害。助排剂通常为表面活性剂，它通过降低酸化液与原油间的界面张力来降低毛细管阻力，有利于酸化残液的返排。

可作为助排剂的表面活性剂有氯化烷基铵、氯化烷基三甲铵、氯化烷基吡啶、脂肪醇聚氧乙烯醚、烷基酚聚氧乙烯醚、烷基酚聚氧乙烯醚乙酸、烷基酚聚氧乙烯醚甲磺酸等。

为了便于返排，也可以在酸化作业前向地层注入一段高压气体（空气或氮气），以提高近井地带的压力，这种方法适用于低压地层的酸化。

第二节　压裂用化学剂

压裂是指用压力将地层压开，形成裂缝，并用支撑剂（通常是具有一定粒度的砂粒）将裂缝支撑起来，以减少流体流动阻力的增产增注措施。

一、压裂液组成及其基本性能

压裂过程用的液体称为压裂液。压裂施工的成功与否，除与支撑剂的性质、用量及工艺设计有关外，主要取决于所用的压裂液。为使压裂液满足工艺要求，必须加入一些化学添加剂。

压裂液包括前置液、携砂液、顶替液。前置液的用途是压开地层并形成一定几何尺寸的裂缝，以备后面的携砂液进入；携砂液的用途是将支撑剂送到裂缝中去；顶替液的用途是将井筒中的全部携砂液顶替入地层中,并清除井底积砂。

压裂液可分为油基压裂液和水基压裂液。前者是以油为溶剂或分散介质,辅以各种添加剂配制而成;后者是以水为溶剂或分散介质,与各种添加剂配制而成。

一种好的压裂液应具有如下性能:

(1)滤失量低:压裂液的滤失量低使地层压力升得快,是造长缝、宽缝的重要条件。压裂液的滤失性主要取决于它的黏度,黏度高则滤失量低。在压裂液中加入一定量的降滤失剂,也可大大减少滤失量。

(2)悬砂能力强:压裂液的悬砂能力主要取决于黏度,压裂液只要有足够高的黏度,砂粒即可完全悬浮,这对砂粒在裂缝中的分布是非常有利的。

(3)摩擦阻力低:压裂液在管道中的摩擦阻力越小,越能有效地传递压力,有利于造缝。

(4)稳定性和配伍性好:稳定性是要求压裂液在地层温度和机械剪切作用下,黏度不发生明显的变化;配伍性是指压裂液与地层流体和岩石矿物不发生任何物理或化学作用。

(5)破胶返排快:所谓破胶是指高分子溶液形成的冻胶压裂液被破坏。一般要求压裂液在施工后 2~4h 内彻底破胶,返排液量尽可能大。

此外,还要求配制压裂液的原料货源广、价格便宜、便于配制。

二、水基压裂液及其添加剂

水基压裂液主要有稠化水压裂液、水冻胶压裂液、水包油乳液压裂液和泡沫压裂液。压裂液的性能取决于添加剂,不同的添加剂有不同的作用。

1. 稠化水压裂液

稠化水压裂液具有黏度高、摩擦阻力低的特点,由稠化剂和水配制而成。因稠化剂均为线型高分子化合物,它们在水中溶解并通过其亲水基团的溶剂化作用使水的黏度大大增加,这样有利于携砂和减少滤失量。稠化水压裂液在高速流动时,其摩擦阻力比水低。这是由于线型高分子稠化剂分子在高速流动时,沿流动方向取向,有效地抑制了水分子横向运动的能量消耗。这样有利于压裂液有效地传递压力,有利于造缝。

2. 水冻胶压裂液

水冻胶压裂液是在稠化水压裂液的基础上加交联剂配制而成的。由于交联作用,使高分子稠化剂通过化学键或次价键产生遍及整个溶液的网络结构,形成冻胶。冻胶黏度高、悬砂能力强,而且由于冻胶在管道中是以柱塞的形式流动,故在高速流动时,冻胶塞与管壁接触的表面受到很大的剪切力,将紧靠表面的交联结构拆散,产生一层有降阻作用的稠化水,将冻胶塞与管壁表面隔开,使冻胶的流动阻力大大减少。

稠化水压裂液和水冻胶压裂液有以下主要添加剂。

1)稠化剂

稠化水压裂液和水冻胶压裂液的主要添加剂是稠化剂。稠化剂都是高分子化合物,可包括三大类,即植物胶(如田菁胶、胍胶等)及其改性产物、纤维素衍生物(如羧甲基纤维素、羟乙基纤维素等)和合成聚合物(如聚丙烯酰胺、聚乙烯醇等)。稠化剂在压裂液中的质量浓度一般为 0.5%~5%。

植物胶及其改性产物是常用的稠化剂,它们的结构可看作是半乳糖和甘露糖按不同比例结合的聚糖,其结构可表示如下:

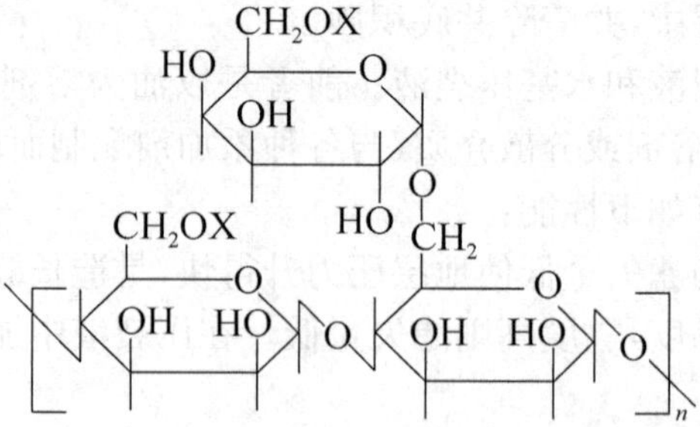

许多植物胶都是半乳甘露聚糖结构,主链是 β—甘露糖,侧链是 α—半乳糖。所不同的是它们的 α—半乳糖和 β—甘露糖的比例不同。除植物胶本身外,它们的改性产物也是常用的稠化剂,表 3-3 列出了常见的植物胶。在上述结构中,当 X 为 H 时,是植物胶本身的结构;当 X 为 CH_2COONa 时,为羧甲基改性产物;当 X 为 CH_2CH_2OH 时,为羟乙基改性产物;当 X 为 $CH(CH_3)CH_2OH$ 时,为羟丙基改性产物。

表 3-3　常见的植物胶中 α—半乳糖与 β—甘露糖之比

植 物 胶	比　　例
田菁胶	1∶2.1
瓜尔胶	1∶2
香豆胶	1∶1.2
决明胶	1∶3
刺槐豆胶	1∶4
皂荚胶	1∶4
国槐豆胶	1∶8

魔芋胶也是一种植物胶,但它的结构是 β—葡萄糖和 β—甘露糖的聚合产物,且两种糖的单元在主链和侧链中均有分布。在整个分子结构中,葡萄糖与甘露糖的比例为 1∶1.6,其结构如下:

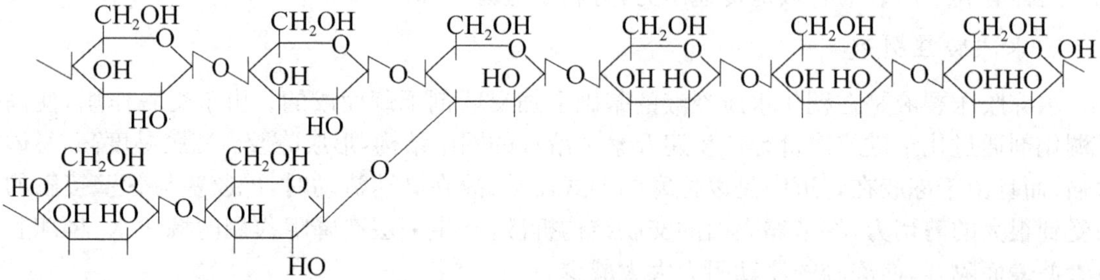

纤维素衍生物如羧甲基纤维素、羟乙基纤维素和羧甲基羟乙基纤维素等都可作为水基压裂液的稠化剂。

合成聚合物如聚丙烯酰胺、水解聚丙烯酰胺、聚乙烯醇等均可作为稠化剂。

2) 交联剂

能将高分子的线型结构联结成体型结构的化学剂称为交联剂。交联剂是通过化学键将稠化剂分子的某些官能团连接起来,使整个体系形成冻胶。因此,对不同的稠化剂可使用不同的交联剂。

对于分子中含有钠羧基（—COONa）的稠化剂，通常使用高价金属如铝、铬、锆、钛、铁等的多核羟桥络离子作交联剂。例如，在 pH＝6～7 时，用 $KCr(SO_4)_2$ 可将钠羧甲基纤维素和部分水解聚丙烯酰胺交联成冻胶。

含有酰胺基的稠化剂也可通过高价金属如钛、锆等的多核羟桥络离子发生交联反应，也常用甲醛、乙醛或乙二醛等低分子醛类作交联剂。

对于聚乙烯醇、田菁胶等稠化剂，其分子中含有邻位顺式羟基，可用硼酸或硼砂或两性金属化合物作交联剂。例如田菁胶、瓜尔胶及其改性产物可用硼砂进行交联：

$$Na_2B_4O_7 + 7H_2O \Longrightarrow 4H_3BO_3 + 2NaOH$$

$$2\begin{matrix}-C-OH\\-C-OH\end{matrix} + H_3BO_3 \longrightarrow \left(\begin{matrix}-C-O\\ \ \ \ \ \ B\\-C-O\end{matrix}\begin{matrix}O-C-\\ \\O-C-\end{matrix}\right) H^+ + 3H_2O$$

分子中含反式邻位羟基的化合物，如羧甲基纤维素、羟乙基纤维素等可与醛类化合物发生交联：

$$2\begin{matrix}OH\\-C-\\-C-\\OH\end{matrix} + CH_2O \xrightarrow{H^+} \begin{matrix}OH\ O-C-\\-C-\ \\ \ \ \ \ \ \ \ \ CH_2 \ \ \ \ \ \ \ \ \ \ \ \ \\-C-\ \\ O-C-OH\end{matrix}$$

3）破胶剂

压裂施工完成后，要求压裂液能迅速返排至地面，因此，要求压裂液在预定的时间内减黏。使用破胶剂可达到这一目的。在配制水冻胶压裂液时，可将破胶剂与交联剂同时加到压裂液中，只要条件控制得当，交联剂将首先使稠化剂交联成冻胶，而破胶剂则要经过一段时间后才发生作用，使冻胶破胶液化。

对于不同的稠化剂可使用不同的破胶剂。

一些氧化剂，如过硫酸盐、过碳酸盐、高锰酸盐、叔丁基过氧化氢等，常作为田菁胶等植物胶的破胶剂。这些破胶剂是通过氧化作用，使半乳甘露聚糖降解，从而引起破胶。

酶也可作为聚糖类稠化剂的破胶剂。酶是一种特殊的蛋白质，它对聚糖的水解反应具有催化作用。不同的酶适用于不同的聚糖。例如，淀粉酶对田菁胶的水解反应有催化作用，而纤维素酶则对羧甲基纤维素和褐藻胶的水解反应有催化作用。

3. 水包油乳液压裂液

这种压裂液是由水、油和乳化剂组成的。水可采用淡水、盐水和稠化水，可占乳状液的20%～50%；油可采用原油或馏分油，可占乳状液的50%～80%；乳化剂为 HLB＝8～18 的水溶性阴离子型或非离子型活性剂，加入量为水的1%～3%，可用的乳化剂有烷基硫酸钠、烷基磺酸钠、烷基苯磺酸钠等阴离子活性剂和聚氧乙烯脂肪醇醚、聚氧乙烯烷基酚醚和 Tween 等非离子型活性剂。

水包油乳液压裂液与稠化水压裂液相比具有很好的黏温性能，即温度升高对其黏度影响很小。因此，这种压裂液适合于高温地层的压裂。

水包油压裂液具有摩擦阻力小、滤失量低、易返排等优点。由于其外相为水，故流动时摩擦阻力低;内相的油珠在地层移动时可产生叠加的液阻效应以及使油水两相的相对渗透率降低,故滤失量较小;压裂施工完成后,乳化剂逐渐在地层表面吸附,使乳液破坏,乳液分成两种低黏度流体,能很快从地层中流出。

4. 泡沫压裂液

泡沫压裂液是由水、气和起泡剂组成的,适合于含气砂岩、页岩及低渗透率岩层(渗透率<$1\times10^{-3}\mu m^2$)和水敏性黏土地层。

配制泡沫压裂液的水可用淡水、盐水或稠化水;气体可用二氧化碳、氮气、空气、天然气;起泡剂可用烷基磺酸盐、烷基苯磺酸盐、烷基硫酸盐、季铵盐或聚氧乙烯型非离子表面活性剂。

泡沫压裂液中的气/液比一般为65%~85%,低于65%时泡沫黏度偏低,而高于92%时则泡沫不稳定。泡沫压裂液的黏度随泡沫特征值(气相对泡沫的总体积比)的增加而增加,温度对泡沫压裂液性能的影响不大。施工完成压力下降后,由于气体膨胀而使泡沫破坏,因此泡沫压裂液的返排十分容易。

泡沫压裂液的主要优点是:具有良好的降滤失作用,因气、水两相滤失于地层后,使它们的相对渗透率都大大降低,此外泡沫压裂液中的液相相对较少,可大大减少对地层的伤害;具有足够的造缝能力与一定的携砂能力;摩擦阻力比水要低40%~60%;具有较高的排液能量。

泡沫压裂也存在不利因素:由于井筒内的气-液柱的静水压力低,压裂过程中需要较高的注入压力;泡沫压裂液虽有一定的悬砂能力,但砂比不能过高,在需要注入高砂比的情况下,可先用泡沫压裂液将较低砂比的支撑剂带入,然后再泵入可携带高砂比支撑剂的常规压裂液。

三、油基压裂液及其添加剂

水基压裂液虽然具有许多优点,但使用于水敏地层时会引起许多麻烦。油基压裂液适合于水敏地层。

油基压裂液是以油为溶剂或分散介质加入某些添加剂配制而成的。基液可用原油、凝析油或馏分油。

1. 稠化油压裂液

稠化油压裂液是将稠化剂溶于油中配成的。配制稠化油压裂液的稠化剂主要有两类。

1) 油溶性表面活性剂

油溶性表面活性剂主要是长链脂肪酸盐。脂肪酸盐在油中超过一定浓度时,可在油中形成一定排列形式的结构。人们认为这种结构是脂肪酸盐在矿物油中溶解并形成纤维状栅栏结构的分子聚集体。脂肪酸盐分子中极性基的疏油作用使其相互聚集,而非极性基对矿物油的烃类分子有亲和作用,使其在油中伸展并包藏一些烃类分子于栅栏结构中,形成较大的胶束结构,起到了使矿物油增稠的效果。

当稠化剂浓度足够大时,稠化油压裂液就转化为油冻胶压裂液。油冻胶压裂液比稠化油压裂液具有更高的黏度,有更好的悬砂能力,适用于压裂更深的地层。

2) 油溶性高分子

油溶性高分子超过一定浓度时,就可以在油中形成网络结构,使油稠化。可用于配制稠化油压裂液的油溶性高分子有聚丁二烯、聚异丁烯、聚异戊二烯、氢化聚异戊二烯、聚α烯、聚烷基苯乙烯、聚丙烯酸酯、聚羧酸乙烯酯等。

稠化油压裂液的突出优点是高黏度、低摩擦阻力,这是由于表面活性剂在油中形成结构或油溶性高分子在油中沿流动方向取向,减少了油分子横向运动的动能消耗,从而降低了摩擦阻力。

2. 油包水压裂液

油包水压裂液是一种以水为分散相、油为分散介质、油溶性活性剂为乳化剂的乳状液。例如以淡水或盐水为分散相,以原油、柴油或煤油作分散介质,以 Span-80 和月桂酰二乙醇胺(分别溶于油和水中)作乳化剂,就可配成油包水压裂液。这种压裂液的优点是黏度大、悬砂能力强、滤失量低、对油层伤害小;缺点是摩擦阻力高。为减少摩擦阻力,可通过井口装置在乳状液周围形成一个水环,使油相不直接与管壁接触。

若将油包水压裂液中的水改为酸,可制成油包酸压裂液。油包酸压裂液不仅可以减轻对管线的腐蚀,而且在破乳后还可放出酸液,将压裂产生的裂缝溶解加宽,提高压裂效果。

第三节 油气开采用其他化学剂

一、防砂用化学剂

油井出砂会引起泵和其他采油设备(如油管、油嘴、油水分离器和出油管线等)的堵塞,也可引起设备和管线的损坏(如刺穿油管、刺坏油嘴、磨损泵等),严重的还会引起井壁坍塌,使套管受挤压而变形损坏,致使油井报废。

油井出砂主要是由于砂层中砂粒胶结不牢固,或是由于原来的胶结物太少(甚至没有),或是由于胶结物为化学处理用的工作液(如酸液)所破坏。

要防止油井出砂,通常可通过化学方法将松散的或胶结不牢的砂粒用胶结剂胶结在一起(图 3-1)。

1. 防砂胶结剂

1) 硅酸钙

硅酸钙可用于胶结砂岩。硅酸钙是在地下砂粒接触点处生成的。先将水玻璃注入砂层,然后用柴油增孔,使部分水玻璃保留在砂粒接触点处,最后注入氯化钙溶液,让其与水玻璃反应在砂粒接触点处生成硅酸钙。反应过程为:

$$Na_2O \cdot mSiO_2 + CaCl_2 = CaO \cdot mSiO_2 + 2NaCl$$

水玻璃也可先分散在油中,然后注入砂层,再用氯化钙溶液将其固化。

2) 树脂类胶结剂

这类防砂胶结剂有酚醛树脂、脲醛树脂、环氧树脂等树脂的预缩液。这些预缩液在一定条件下可在地层固化,从而使砂粒胶结。

酚醛树脂和脲醛树脂胶结剂可在增孔之后用稀盐酸固化。

2. 防砂桥接剂

防砂桥接剂都是阳离子聚合物,而砂粒表面均带有负电荷。桥接剂分子像架桥一样可以将多个松散的砂粒连接起来(图 3-2),故称为桥接剂。常用的桥接剂有两类:

1) 无机阳离子聚合物

一些高价金属的羟基络合物,如羟基铝、羟基锆、羟基钛、羟基铬、羟基铁等均可作为防砂桥接剂。

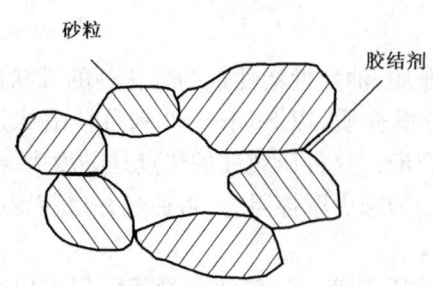
图3-1 胶结剂对砂粒的胶结作用

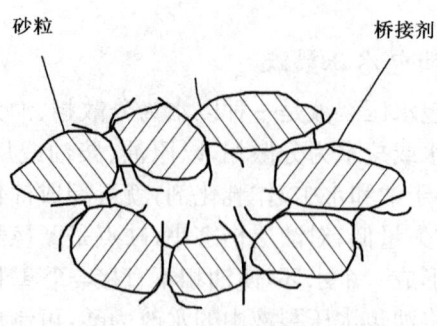
图3-2 桥接剂对松散砂粒的连接

它们都是用相应的盐在适当条件下制得的。如羟基铝是在 pH=2.3~3.6 条件下用三氯化铝按下列反应过程制得的：

离解 $\qquad AlCl_3 \rightleftharpoons Al^{3+} + 3Cl^-$

络合 $\qquad Al^{3+} + 6H_2O \rightleftharpoons [(H_2O)_6Al]^{3+}$

水解 $\qquad [(H_2O)_6Al]^{3+} \rightleftharpoons [(H_2O)_5Al(OH)]^{2+} + H^+$

羟桥作用 $\quad 2[(H_2O)_5Al(OH)]^{2+} \rightleftharpoons [(H_2O)_4Al(OH)_2(H_2O)_4]^{4+} + 2H_2O$

上述生成的羟桥络离子可发生进一步水解和羟桥作用，生成多核羟桥络离子：

$$[(H_2O)_4Al\overset{OH}{\underset{OH}{\diagup\!\diagdown}}Al(H_2O)_4]^{4+} + n[(H_2O)_5Al(OH)]^{2+} \longrightarrow$$

$$[(H_2O)_4Al\overset{OH}{\underset{OH}{\diagup\!\diagdown}}\underset{H_2O}{\overset{H_2O}{Al}}\overset{OH}{\underset{OH}{\diagup\!\diagdown}}\cdots \overset{OH}{\underset{OH}{\diagup\!\diagdown}}Al(H_2O)_4]^{(n+4)+} + nH^+ + nH_2O$$

最后产生的铝的多核羟桥络离子与相应的阴离子一起称作羟基铝。

二氯氧锆在酸性条件下经离解、络合、羟桥作用等步骤，可得到锆的多核羟桥络离子：

$$[(H_2O)_6Zr\overset{OH}{\underset{OH}{\diagup\!\diagdown}}\underset{H_2O\ H_2O}{\overset{H_2O\ H_2O}{Zr}}\overset{OH}{\underset{OH}{\diagup\!\diagdown}}\cdots Zr(H_2O)_6]^{(2n+6)+}$$

2) 有机阳离子聚合物

下列支链上含有季铵结构的有机阳离子聚合物可作为防砂桥接剂：

[结构式图]

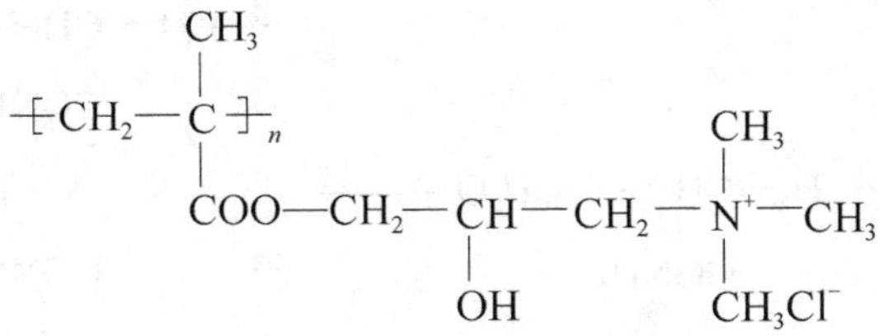

$$\mathrm{\{CH_2-\underset{\underset{COO-CH_2-CH-CH_2-\underset{\underset{CH_3}{|}}{\overset{\overset{CH_3}{|}}{N^+}}-CH_3}{|}}{\overset{\overset{CH_3}{|}}{C}}\}_n \quad CH_3Cl^-}$$

二、注水井调剖用化学剂

注水开发的油田在开采一个阶段之后,由于油层的非均质性,随着注入油层的水量的增加,使得注入剖面很不均匀,有的区块含水量很高,而有的区块则注水效果不明显,甚至有的区块注入水很快沿高渗透层突破,致使油井大量出水,产能降低。为了使注入水均匀推进,减少油井出水,可以从注入井封堵高渗透层,调整注入地层的吸水剖面,即所谓注入井调剖;或是从油井封堵出水层,降低油井出水量,称为油井堵水。无论是调剖还是堵水,目前行之有效的方法都是使用化学剂。

根据调剖目的和工艺的不同,注水井调剖剂可分为近井地带调剖剂和远井地带调剖剂。

1. 近井地带调剖剂

近井地带调剖剂用于封堵井眼附近的地层。这类调剖剂注入地层后,要求在较短的时间内失去流动性起到封堵地层的作用。这类调剖剂通常是一种工作液,其中携带在油层条件下生成可封堵高渗透层的物质。

1)硅酸凝胶

硅酸凝胶是一种典型的近井地带调剖剂,处理时只需将一种液体(硅酸溶胶)注入油层,经过一定时间,硅酸溶胶即胶凝成硅酸凝胶,将高渗透层堵住。

硅酸溶胶是由水玻璃和活化剂反应生成的。活化剂是指那些可使水玻璃先变成溶胶而后变成凝胶的物质。活化剂有无机活化剂和有机活化剂两种。

无机活化剂包括盐酸、硝酸、硫酸、氨基磺酸、碳酸铵、碳酸氢铵、氯化铵、硫酸铵、磷酸二氢钠等。有机活化剂包括甲酸、醋酸、醋酸铵、甲酸乙酯、乙酸乙酯、氯乙酸、三氯乙酸、草酸、柠檬酸、甲醛、苯酚、邻苯二酚、间苯二酚、对苯二酚、间苯三酚等。

最常用的活化剂是盐酸,它与水玻璃的反应如下:

$$Na_2O \cdot mSiO_2 + 2HCl = mSiO_2 \cdot H_2O + 2NaCl$$

由于制备方法不同,可得到两种硅酸溶胶,即酸性硅酸溶胶和碱性硅酸溶胶。酸性硅酸溶胶是将水玻璃加到盐酸中制得的,因反应在氢离子过剩的情况下发生,形成的溶胶颗粒表面带正电,如图3-3(a)所示。将盐酸加到水玻璃中可制得带负电的碱性硅酸溶胶,如图3-3(b)所示。这两种硅胶都可在一定条件下形成凝胶。

2)聚合物冻胶

聚合物溶液形成的凝胶称为冻胶。聚合物冻胶是聚合物溶液在适当的交联剂作用下形成的。可用的交联剂有两类,一类是低分子醛类化合物,另一类是高价金属离子形成的多核羟桥络离子。可用的聚合物有聚丙烯酰胺、水解聚丙烯酰胺、水解聚丙烯腈、聚乙烯醇、羧甲基纤维素、羟乙基纤维素、黄原胶等。

聚丙烯酰胺等含酰胺基的聚合物可在酸性条件下与甲醛发生交联反应,形成冻胶:

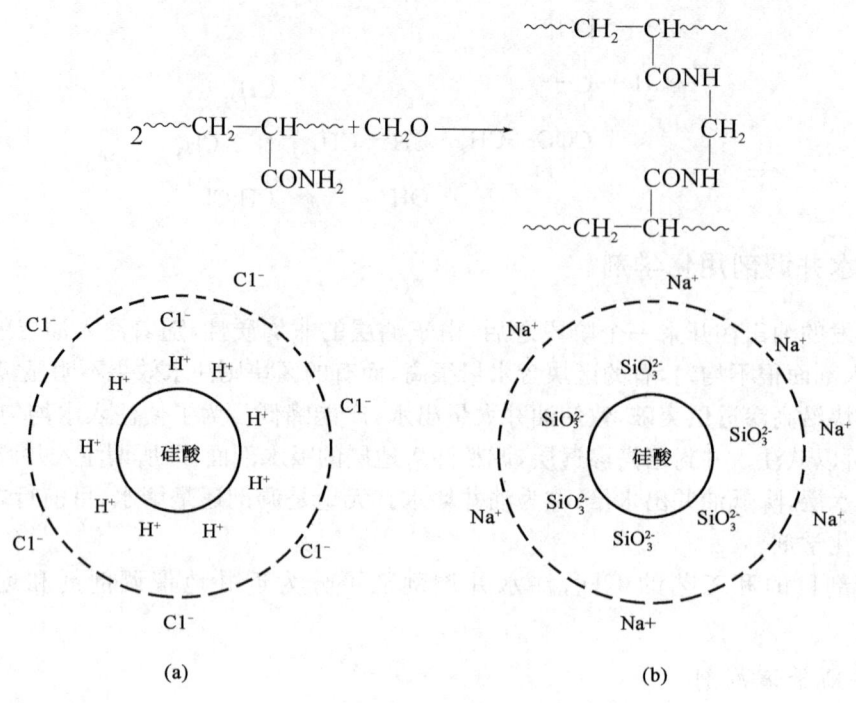

图 3-3 两种硅酸溶胶的结构

聚乙烯醇等含羟基的聚合物在酸性条件下也可与甲醛交联,形成冻胶:

锆、钛、铬等高价金属离子形成的多核羟桥络离子可与含羧基或酰胺基的聚合物交联,形成冻胶:

这些冻胶型调剖剂都可通过调节工作液的 pH 值或将金属离子以络合物的形式加入来延缓形成冻胶的时间。

一种阳离子聚合物(聚卤化 N,N-二烯丙基—N—烷基—N—环氧丙基铵)也可以形成冻胶。它可与含羧基的聚合物,如羧甲基纤维素、水解聚丙烯酰胺、黄原胶等通过阴、阳离子结合而交联;也可以与含羟基的聚合物将环氧键打开而发生交联。

3)硫酸

硫酸是利用油层中的钙(镁)源生成沉淀物而产生堵塞。

可用浓硫酸或化工废液浓硫酸注入注水井,硫酸先与近井地带的碳酸盐岩层或碳酸盐胶结物反应,增加了注水井的吸入能力,而产生的细小的硫酸钙、硫酸镁颗粒将随酸液进入地层,并在适当的位置(如孔隙结构的喉部)沉积下来,形成堵塞。

$$CaCO_3 + H_2SO_4 \Longrightarrow CaSO_4 + H_2O + CO_2 \uparrow$$

$$CaMg(CO_3)_2 + 2H_2SO_4 \Longrightarrow CaSO_4 + MgSO_4 + 2H_2O + 2CO_2 \uparrow$$

由于高渗透层进入更多的硫酸,因而产生更多的硫酸钙或硫酸镁,故堵塞主要发生在高渗透层。

4)部分水解聚丙烯腈

部分水解聚丙烯腈的分子中含有大量羧基,当地层水中含有大量钙、镁离子时,可生成沉淀物封堵地层。

部分水解聚丙烯腈多与交联剂一起使用,可用的交联剂有醛类化合物、氯化钙、氯化亚铁和氯化铁等。

2. 远井地带调剖剂

远井地带调剖剂用来封堵距井眼较远的地层。由于距离远、用量大,因此要求调剖工作液可泵时间长,所以主要使用双液调剖剂。所谓双液调剖剂就是向油层注入由隔离液隔开的两种可反应(或作用)的液体,这两种液体分别称为第一反应液和第二反应液。将这两种液体向油层推进至一定距离,隔离液将变薄至不起隔离作用,两种液体就可发生反应,产生封堵地层的物质。由于高渗透层吸入更多堵剂,故封堵主要发生在高渗透层,达到远井地带调剖的目的。

双液调剖剂主要有如下几种:

1)沉淀性堵剂

这类堵剂主要是无机堵剂,包括以下几种组合方式。

(1)第一工作液为 5%~20%碳酸钠,第二工作液为 5%~30%三氯化铁,它们在地层中相遇后的反应为:

$$Na_2CO_3 + 2FeCl_3 \Longrightarrow 6NaCl + Fe_2(CO_3)_3 \downarrow$$

(2)第一工作液为 1%~25%硅酸钠,第二工作液为 5%~13%硫酸亚铁,它们在地层中相遇后的反应为:

$$Na_2O \cdot mSiO_2 + FeSO_4 \Longrightarrow Na_2SiO_4 + FeO \cdot mSiO_2 \downarrow$$

(3)第一工作液为 1%~25%硅酸钠,第二工作液为 1%~15%氯化钙,它们在地层中相遇后的反应为:

$$Na_2O \cdot mSiO_2 + CaCl_2 \Longrightarrow 2NaCl + CaO \cdot mSiO_2$$

(4)第一工作液为阴离子表面活性剂溶液,第二工作液为阳离子表面活性剂溶液,它们在地层中相遇后的反应为:

$$RSO_3Na + [R-N(CH_3)_3]Cl \longrightarrow [R-N(CH_3)_3]RSO_3 \downarrow + NaCl$$

一般使用水做隔离液。为了防止水对反应液进行稀释,也可使用烃类液体(如煤油、柴油),或其他液体,只要不与反应液反应的液体都可以用。隔离液的用量决定于要求封堵地层的位置。

2) 凝胶型双液调剖剂

以水玻璃作第一工作液,以硫酸铵作第二工作液,它们在地层相遇后的反应为:

$$Na_2O \cdot mSiO_2 + (NH_4)_2SO_4 + 2H_2O \Longleftrightarrow Na_2SO_4 + 2NH_4OH + mSiO_2 \cdot H_2O$$

所产生的硅酸凝胶可封堵高渗透层。

3) 冻胶型双液调剖剂

这类双液调剖剂由聚合物溶液与相应的交联剂溶液组成。第一工作液可以用水解聚丙烯酰胺、羧甲基纤维素、黄原胶等聚合物溶液;第二工作液可用含高价金属离子的溶液或能产生多核羟桥络离子的溶液。

三、油井堵水剂

油井出水是油田注水开发过程中不可避免的问题。

油井出水会造成许多危害:消耗地层能量,减少油层最终采收率;降低抽油井的泵效;造成管线和设备的腐蚀与严重结垢;增加脱水站的负荷;若不将脱出的水回注,还会增加环境污染。

如前所述,要减少油井出水,除封堵注入井的高渗透层外,还可封堵油井的出水层,即油井堵水。

油井堵水可使用堵水剂。从油井注入地层,能减少油井产水的化学剂称为油井堵水剂。油井堵水剂分为非选择性堵水剂和选择性堵水剂。

1. 非选择性堵水剂

非选择性堵水剂适用于单一水层或高含水层,所用堵剂对水和油都没有选择性,在地层中形成堵塞物,它既可封堵水层也可封堵油层。

1) 沉淀型堵水剂

这类堵水剂由两种能反应生成沉淀的物质组成,例如水玻璃能与氯化钙、三氯化铁、硫酸亚铁等反应生成沉淀。这种堵剂有很强的封堵能力。施工时,可将水玻璃和氯化钙(或三氯化铁、硫酸亚铁等)溶液分成几个段塞,交替地注入水层。为了防止它们过早地在油管或水层中发生反应,水玻璃与氯化钙溶液段塞间要用隔离液(如柴油)隔开。

2) 水基水泥

水基水泥是由水与水泥配成的。其相对密度最好为 1.6~1.8,每米厚度用量为 200~400L。施工时,先注入配制好的水基水泥,然后用油将水基水泥顶替到出水层段,关井候凝,水泥固化后即可将水层堵住。

3) 树脂型堵水剂

酚醛树脂、脲醛树脂、糠醇树脂、环氧树脂、三聚氰胺—甲醛树脂等均可作为油井堵水剂。

最常用的树脂是酚醛树脂。施工时,可将热固性酚醛树脂预缩液与固化剂混合后挤入水层,在地层温度和固化剂作用下,热固性酚醛树脂可在一定时间内交联成不溶的酚醛树脂,将水层堵住。

4)冻胶型堵水剂

冻胶型堵水剂是由聚合物溶液和适当的交联剂配制而成的。可用的聚合物有部分水解聚丙烯酰胺、羧甲基纤维素、羟乙基纤维素、羧甲基半乳甘露聚糖、羟乙基半乳甘露聚糖、木质素磺酸盐等;交联剂可用高价金属离子形成的多核羟桥络离子或低分子醛类化合物。

施工时,若封堵近井地带,可将高分子溶液和交联剂混合后注入水层;若封堵远井地带,可将它们分成几个段塞,中间以隔离液隔开,交替地注入水层,让它们进入水层一定距离后才混合交联成冻胶。

2. 选择性堵水剂

选择性堵水剂适用于封堵不易用封隔器将其与油层分隔开的水层。选择性堵水剂是利用油和水的差别或油层与水层的差别达到选择性堵水目的的。选择性堵水剂可分为三类,即水基堵剂、油基堵剂和醇基堵剂,它们分别是以水、油或醇作溶剂或分散介质配成的堵水剂。

1)水解聚丙烯酰胺

水解聚丙烯酰胺是一种水基选择性堵水剂,其选择性堵水的原理是:(1)它的水溶液能优先进入含水饱和度高的地层;(2)在水层中,其分子中的—$CONH_2$和—$COOH$可通过氢键吸附在地层表面而保留在水层;(3)水解聚丙烯酰胺未吸附部分由于链节带负电而向水中伸展,对水有较大的流动阻力,起到堵水作用。

由此可见,水解聚丙烯酰胺这种堵剂可按含水饱和度的大小进入地层,并按含水饱和度的大小调整地层对水的渗透性。特别是后一个特点是其他选择性堵剂所没有的。

为了提高堵水效果并延长有效期,可以将水解聚丙烯酰胺交联使用。高价金属离子(如Al^{3+}、Cr^{3+}、Zr^{4+})和醛类(如甲醛、乙醛、乙二醛)等都可在一定条件下将水解聚丙烯酰胺交联起来。随着交联程度的增加,可使吸附在地层表面的水解聚丙烯酰胺更向外伸展,封堵更大的孔道。同时,还可使吸附在地层表面的水解聚丙烯酰胺产生横向结合,从而形成结构,提高吸附层的强度,因此有更好的堵水效果并延长堵水的有效期。

类似于水解聚丙烯酰胺的选择性堵剂还有部分水解聚丙烯腈,它与水解聚丙烯酰胺具有相同的基本结构(如酰胺基和羧基),因此它们的堵水作用原理相同。水解聚丙烯腈也可交联使用,交联剂与水解聚丙烯酰胺完全相同。

2)泡沫

泡沫也是一种水基选择性堵水剂。由于它的分散介质是水,当它进入地层时,将优先进入水层。在水层中,泡沫是通过贾敏效应的叠加产生堵塞。泡沫虽也会进入油层,但在油层它是不稳定的。由于油相对起泡剂分子的亲油部分的吸引力大于气相,所以当油水界面与气水界面共存时,起泡剂将由气水界面转到油水界面,引起泡沫破坏。

可通过提高泡沫的稳定性来提高泡沫的堵水效果。为了提高泡沫的稳定性,除了选择合适的起泡剂(通常为磺酸盐表面活性剂)外,还可加入稳定剂。钠羧甲基纤维素、羟乙基纤维素、聚乙烯醇、水解聚丙烯酰胺等水溶性高分子都可作为稳定剂。这些高分子可通过增加水的黏度、增大气泡合并变大的阻力来提高泡沫的稳定性。

3) 松香酸钠

松香酸钠是由松香(含 80%~90%松香酸)与碳酸钠(或氢氧化钠)反应生成的。松香酸钠可与钙离子、镁离子反应,生成不溶于水的松香酸钙、松香酸镁沉淀。

松香酸钠只适用于水中钙离子、镁离子含量较大(>1000mg/L)的油井堵水。由于油层中的油不含钙离子、镁离子,所以松香酸钠不堵塞油层。

除松香酸钠外,还可用环烷酸钠、脂肪酸钠(如硬脂酸钠、油酸钠等)选择性地封堵地层水中钙、镁离子含量高的油井。

4) 烃基卤代甲硅烷

烃基卤代甲硅烷是一种油基堵剂,其通式可用 R_nSiX_{4-n} 表示。式中 R 表示烃基,X 表示卤素,n 表示 1~3 的整数。

二甲基二氯甲硅烷是一种烃基卤代甲硅烷,它由硅粉与一氯甲烷制成,反应式为:

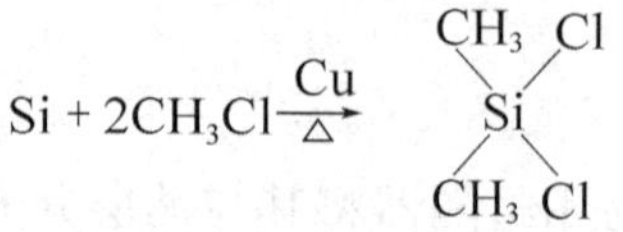

$$Si + 2CH_3Cl \xrightarrow[\triangle]{Cu} (CH_3)_2SiCl_2$$

烃基卤代甲硅烷可与水反应,生成相应的硅醇。硅醇中的多元羟基很容易缩聚,生成聚硅醇。如二甲基二氯甲硅烷遇水时,可生成二甲基甲硅二醇,反应式为:

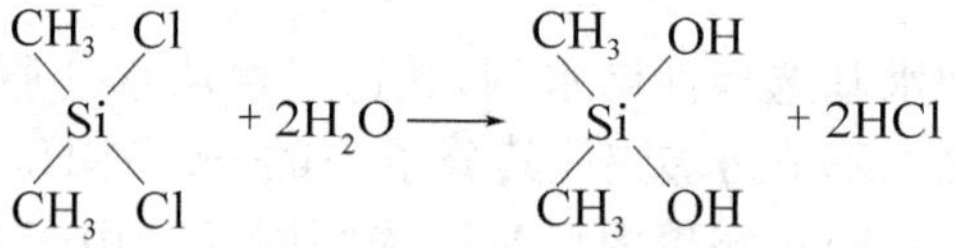

$$(CH_3)_2SiCl_2 + 2H_2O \longrightarrow (CH_3)_2Si(OH)_2 + 2HCl$$

二甲基甲硅二醇很容易缩聚,生成聚合度足够高的不溶于水的聚二甲基甲硅二醇沉淀,封堵出水层,反应式为:

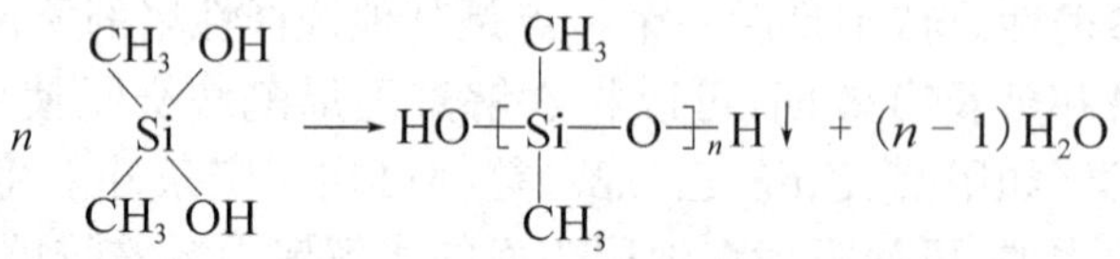

$$n\,(CH_3)_2Si(OH)_2 \longrightarrow HO\text{-}[Si(CH_3)_2\text{-}O]_n\text{-}H \downarrow + (n-1)H_2O$$

二甲基二氯甲硅烷还可与砂岩表面的羟基反应,使砂岩表面疏水化。其反应如图 3-4 所示。由于出水层的砂岩表面由亲水反转为亲油,增加了水的流动阻力,减少了油井的出水。

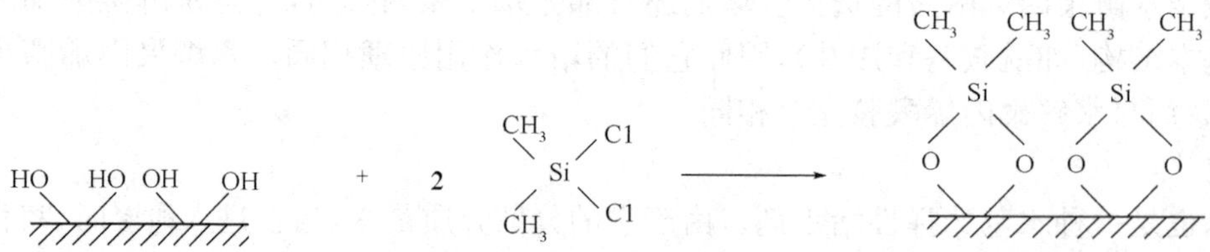

图 3-4 砂岩表面的疏水化

适用于选择性堵水的烃基卤代甲硅烷很多。例如甲基三氯甲硅烷、乙基三氯甲硅烷、丙基三氯甲硅烷、戊基三氯甲硅烷、十二烷基三氯甲硅烷、十八烷基三氯甲硅烷、苯基三氯甲硅烷、乙烯基三氯甲硅烷、二甲基二氯甲硅烷、二乙基二氯甲硅烷、二丙基二氯甲硅烷、二苯基二氯甲硅烷或它们的混合物等,都可用于选择性堵水。

由于烃基卤代甲硅烷是油溶性的,所以它们必须配成油溶液使用。煤油和柴油是常用的溶剂。

其他如聚氨基甲酸酯、油基水泥、活性稠油、乳化稠油、偶合稠油、聚烯烃等均可用于堵水。

四、防蜡剂与清蜡剂

通常所说的蜡(石蜡)是指碳原子数≥15的正构烷烃。在油层条件下,蜡溶解在原油中,在原油从油层经井底上升至地面过程中,由于温度和压力的降低,蜡在原油中的溶解度降低,使蜡从原油中析出并附着在油管壁或抽油杆上,即油井结蜡。

结蜡过程可分为蜡晶析出、蜡晶长大和蜡沉积三个阶段。蜡也可直接在固体表面(油管、油杆)上析出,并不断长大,这时结蜡只有前两个阶段。将结蜡控制在任何阶段都可达到防蜡的目的。

油井结蜡会使油管管径缩小,油流阻力增加,从而影响正常生产。油井的清蜡、防蜡有物理方法(热电缆、热洗等),也有化学方法(添加化学药剂)。物理方法侧重于清蜡,不能防蜡;化学方法既可清蜡,又可防蜡。

1. 防蜡剂

能抑制原油中蜡晶析出、长大、聚集和(或)在固体表面上沉积的化学剂称为防蜡剂。常用的防蜡剂有三种类型。

1) 稠环芳烃

防蜡用的稠环芳烃主要来自煤焦油中的馏分,都是混合稠环芳烃。下面是一些稠环芳烃的结构:

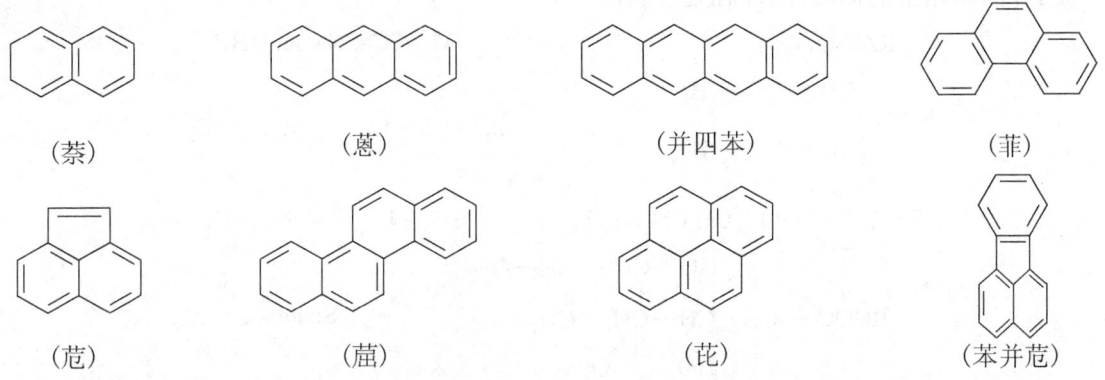

(萘)　　(蒽)　　(并四苯)　　(菲)

(苊)　　(䓛)　　(芘)　　(苯并苊)

这些稠环芳烃在原油中的溶解度低于石蜡,可将它们溶于溶剂中,从环形空间加至井底,并随原油一起采出。在采出过程中随着温度和压力的降低,这些稠环芳烃首先析出,给石蜡的析出提供了大量晶核,使石蜡在这些稠环芳烃的晶核上析出。但这样形成的蜡晶不易继续长大,因为在蜡晶中的稠环芳烃分子影响了蜡晶的排列,使蜡晶的晶核扭曲变形,不利于蜡晶发育长大,这样就可使这些变形的蜡晶分散在油中被油流携带至地面,起到防蜡作用。

也可将稠环芳烃掺入加重剂,制成棒状或颗粒状固体投入井底,使其缓慢溶解,延长使用效果。

一些稠环芳烃的衍生物也有防蜡作用:

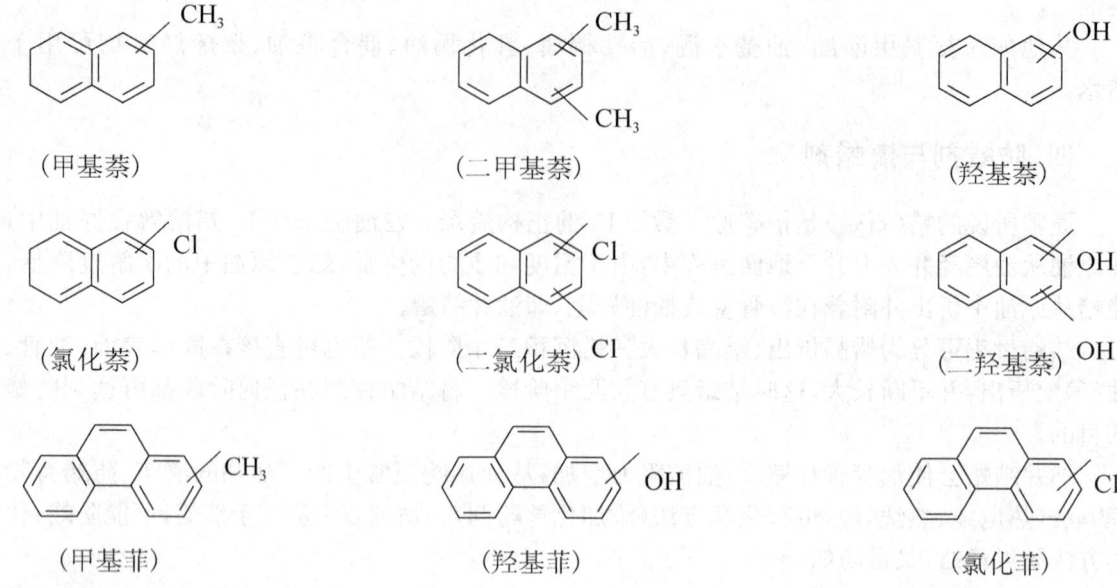

2）表面活性剂

用于防蜡的表面活性剂可以是油溶性的，也可以是水溶性的，但二者的作用原理不同。

油溶性表面活性剂是通过吸附在蜡晶表面，使非极性的蜡晶表面变成极性的蜡晶表面，从而抑制了蜡晶的进一步长大；水溶性表面活性剂是通过吸附在结蜡表面，使非极性的结蜡表面变成极性表面，从而防止了蜡的沉积。

可作为防蜡剂的油溶性表面活性剂有：

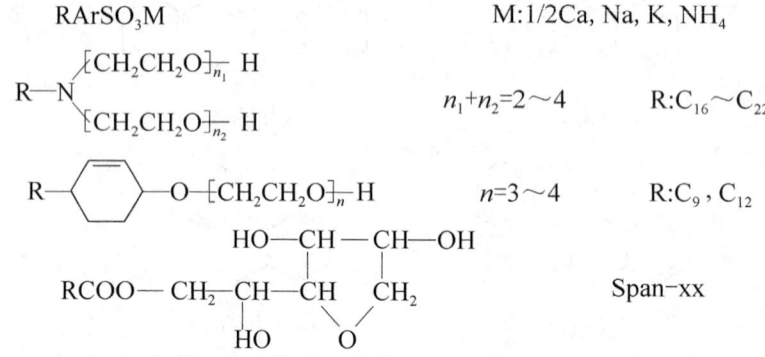

可作为防蜡剂的水溶性表面活性剂有：

RSO_3Na $R:C_{12}\sim C_{18}$

$[R-N(CH_3)_3]Cl$ $R:C_{12}\sim C_{18}$

$R-O-[CH_2CH_2O]_n H$ $n>5$, $R:C_{12}\sim C_{18}$

$R-\bigcirc-O-[CH_2CH_2O]_n H$ $n>5$, $R:C_9, C_{12}$

$$CH_3-CH-O+C_3H_6O\xrightarrow{}_m+C_2H_4O\xrightarrow{}_n H$$
$$CH_2-O+C_3H_6O\xrightarrow{}_m+C_2H_4O\xrightarrow{}_n H \qquad m=17, n=15\sim53$$

$$R-O+CH_2CH_2O\xrightarrow{}_n SO_3Na \qquad m=3\sim5, R:C_{12}\sim C_{18}$$

$$R-\bigcirc-O+CH_2CH_2O\xrightarrow{}_n SO_3Na \qquad m=3\sim5, R:C_8\sim C_{12}$$

Tween-xx (失水山梨醇脂肪酸酯聚氧乙烯醚结构式，含 RCOO-CH$_2$-CH-CH-CH$_2$ 骨架及多个 $+CH_2CH_2O\xrightarrow{}_{n}H$ 侧链)

3) 聚合物

这类防蜡剂都是油溶性的梳状聚合物，分子中有一定长度的侧链，在分子主链或侧链中具有与石蜡分子类似的结构和极性基团。在较低的温度下，它们分子中类似石蜡的结构与石蜡分子形成共晶。由于其分子中还有极性基团，所以形成的晶核扭曲变形，不利于蜡晶继续长大。此外，这些聚合物的分子链较长，可在油中形成遍及整个原油的网络结构，使形成的小晶核处于分散状态，不能相互聚集长大，也不易在油管或抽油杆表面上沉积，而易被油流带走。

下列聚合物可作为防蜡剂：直链淀粉脂肪酸酯、聚丙烯酸酯、聚羧酸乙烯酯、α-烯-苯乙烯共聚物、α-烯-丙烯共聚物、乙烯-丙烯酸酯共聚物、乙烯-羧酸乙烯酯共聚物、乙烯-甲基丙烯酸酯共聚物、乙烯-羧酸丙烯酯共聚物、苯乙烯-顺丁烯二酸酯共聚物、α-烯-顺丁烯二酸酯共聚物等。

这些梳状聚合物是效果好、有发展前景的防蜡剂，复配使用时有很好的协同效应。聚合物防蜡剂侧链的长短直接与防蜡效果有关，当侧链平均碳原子数与原油中蜡的峰值碳数相近时，最有利于蜡的析出，可获得最佳防蜡效果。

2. 清蜡剂

能清除蜡沉积的化学剂称为清蜡剂。

清蜡剂主要是通过对蜡的溶解或使蜡重新分散而清除管线或设备表面上的蜡沉积。清蜡剂主要有两种类型。

1) 油基清蜡剂

这类清蜡剂是溶蜡能力很强的溶剂，主要有：

(1) 芳烃，包括苯、甲苯、二甲苯、三甲苯、乙苯、异丙苯、混合芳烃；

(2) 馏分油，包括轻烃、汽油、煤油、柴油等；

(3) 其他溶剂，包括二硫化碳、四氯化碳、三氯甲烷、四氯乙烯等。

这些溶剂中，二硫化碳、四氯化碳等是油田早期使用的清蜡剂，其清蜡效果优异，但由于它们本身的毒性以及在原油加工中造成的腐蚀性和催化剂中毒等问题，已经禁止使用。芳烃的蜡溶量和溶蜡速度都比馏分油好。

2) 水基清蜡剂

水基清蜡剂是由水、表面活性剂、互溶剂和(或)碱按一定比例组成的清蜡剂，适合于含水量较高的油井清蜡。

表面活性剂的作用是改变结蜡表面的润湿性，使其易于剥落分散。常用的表面活性剂有烷基磺酸盐、烷基苯磺酸盐、脂肪醇聚氧乙烯醚、烷基酚聚氧乙烯醚、脂肪醇聚氧乙烯硫酸钠、烷基酚聚氧乙烯硫酸钠、吐温等。

互溶剂的作用是增加水和油的相互溶解度。常用的互溶剂有：
(1)醇类，包括异丙醇、正丙醇、乙二醇、丙三醇等；
(2)醚类，包括丁醚、戊醚、己醚、庚醚、辛醚等；
(3)醇醚，包括乙二醇单丁醚、丁二醇乙醚、二乙二醇乙醚、丙三醇乙醚等。

互溶剂中常用的是乙二醇单丁醚。

五、黏土稳定剂

黏土是黏土矿物的总称。地层中的黏土矿物主要有高岭石、蒙皂石、伊利石和绿泥石等几类。在这些黏土矿物中，蒙皂石可在水中膨胀，属膨胀型的黏土矿物。蒙脱石的这种性质决定于它的晶体结构。

蒙脱石的分子式为 $Al_2O_3 \cdot 4SiO_2 \cdot H_2O$。它的晶体结构是一个如图3-5所示的由两层硅氧四面体夹着一层铝氧八面体组成的片状结构。

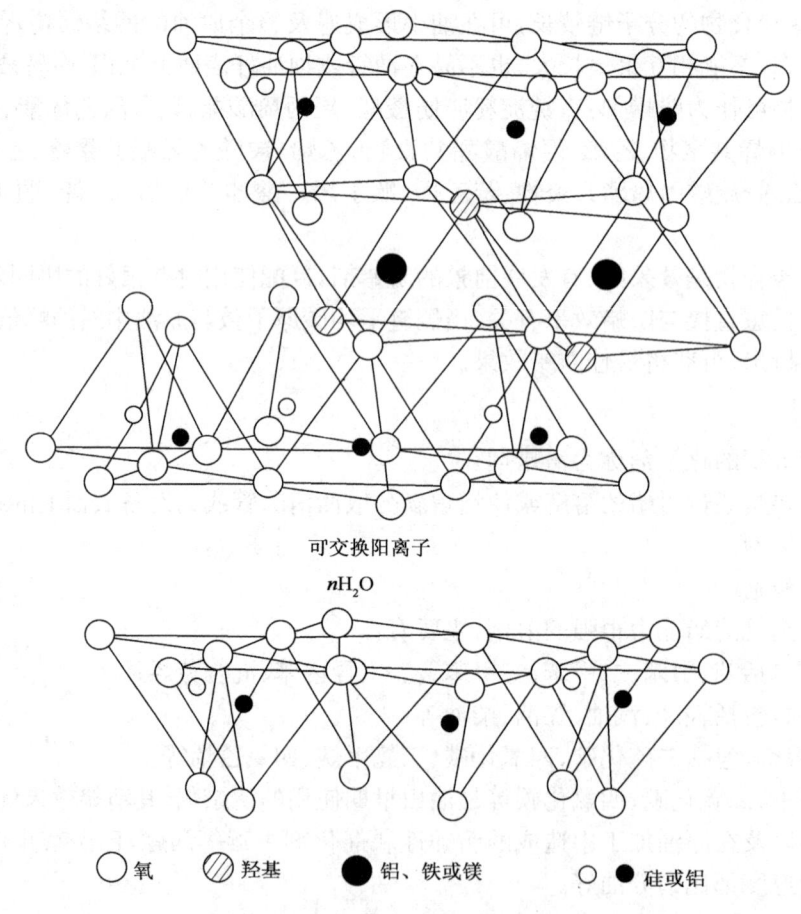

图3-5 蒙脱石的晶体结构

天然蒙脱石是由这种片状结构通过分子间力堆叠而成的。在蒙脱石的晶体结构中，由于晶格取代(例如硅为铝所取代，铝为镁所取代)，使晶体结构的电价不平衡，而需要在表面上结合一定数量的阳离子(如 H^+、Na^+、Ca^{2+}、Mg^{2+} 等)以平衡电价。图3-6中的钠离子就是为了平衡晶格取代的不平衡电价而结合的阳离子。

当蒙脱石与水接触时,水即进入蒙脱石的片状结构之间,引起平衡电价的阳离子在水中离解,形成如图3-6所示的扩散双电层,使片状结构的表面带上负电。由于双电层的斥力,带负电的片状结构即自行分开,产生所谓的黏土膨胀。黏土的膨胀使地层孔隙变得更加狭窄,对地层构成严重伤害。

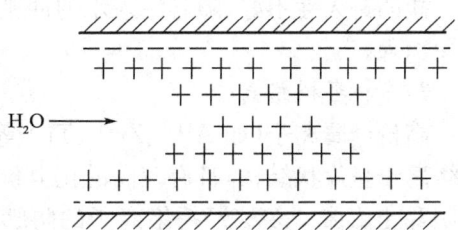

图3-6 蒙脱石遇水产生的扩散双电层

其他几类黏土矿物虽不发生膨胀,但在地层流体冲刷下可分散成微粒而在地层中运移,堵塞地层孔隙喉道,降低地层渗透率。

黏土膨胀或运移都会给油田生产带来危害。在注水地层中发生黏土膨胀或运移,使注入速度大大降低,吸水量明显下降;在采油地层发生黏土膨胀或运移,会使油井产量大大降低。

通常可使用黏土防膨剂来抑制黏土膨胀,使用黏土矿物微粒稳定剂来防止黏土微粒运移。

1. 黏土防膨剂

黏土防膨剂是指能通过减少黏土表面负电性来抑制其在水中膨胀的化学剂。黏土防膨剂可通过两个途径来达到防膨目的:一是通过中和黏土表面的负电性,抑制其膨胀;二是通过改变黏土表面的润湿性,抑制水进入黏土层间结构。

常用的黏土防膨剂有以下几种。

1) 酸

因酸的氢离子可与黏土表面的阳离子交换,可使黏土由原来的阳离子土变成氢土。由于氢离子直径小,易与黏土表面接近,结合力强,所以氢土的氢比其他阳离子难离解,使黏土片状结构间的电斥力减弱,从而使黏土膨胀受到抑制。

无机酸(如盐酸、氨基磺酸)和有机酸(如甲酸、醋酸)都可用于抑制黏土膨胀。

2) 盐

盐在水中可以离解,当盐浓度较高时,离解产生的阳离子可有效地压缩黏土表面扩散双电层的厚度,减少黏土片状结构间的双电层斥力,使黏土膨胀受到抑制。

虽然任何水溶性盐都可抑制黏土膨胀,但在相同浓度下,钾盐对黏土膨胀的抑制效果比其他盐都好。因为钾盐中的钾离子的大小(见表3-4)不仅可以容许它进入黏土结构的硅氧四面体表面上由六个氧原子围成的内切直径为0.288nm的六角空间,而且它还可以与周围的氧原子形成紧密的结合,不易释放出来,有效地抑制了黏土膨胀。铵盐中的铵离子也具有类似的作用。其他盐的阳离子(如钙离子),由于太大或太小,它们或不能进入上述的六角空间,或虽可进入但与周围的氧原子结合得不够紧密,所以抑制效果都不如钾盐。

表3-4 常见的阳离子直径

离子	直径,nm	离子	直径,nm
NH_4^+	0.286	Na^+	0.196
K^+	0.266	Fe^{2+}	0.166
Ca^{2+}	0.212	Mg^{2+}	0.156

常用的抑制黏土膨胀的钾盐是氯化钾。

有机胍盐,如盐酸胍和醋酸胍也可抑制黏土膨胀。有机胍盐的阳离子与黏土负电表面结合力较强,比钾盐具有更好的防膨效果。

盐的持久性不好,随着注入水的冲刷,其浓度逐渐减小,防膨效果下降直至消失,故需要周期性加入。

3) 多核羟桥络离子

高价金属离子(如 Al^{3+}、Zr^{4+}、Ti^{4+} 等)都可在一定条件下形成多核羟桥络离子。多核羟桥络离子呈片状结构,且有较高的正电价,可与黏土层状结构紧密结合,减少其负电性,有效地抑制黏土膨胀。多核羟桥络离子的防膨有效期比盐长,但缺点是不耐酸,酸化时分解而失去作用。

4) 阳离子表面活性剂

阳离子表面活性剂在水中可离解出有表面活性的阳离子,这些阳离子能吸附在黏土表面上中和它的电性,而且在黏土表面形成疏水的吸附膜,阻止水浸入黏土层之间,因此阳离子表面活性剂可有效地抑制黏土膨胀。

下列的水溶性阳离子表面活性剂均可用于黏土防膨:

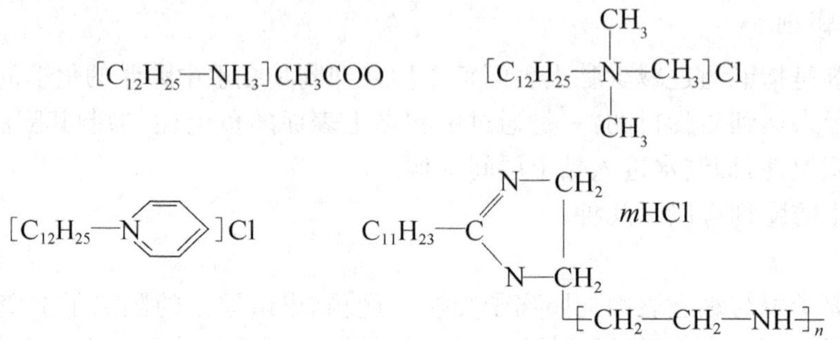

$$[C_{12}H_{25}-NH_3]CH_3COO \qquad [C_{12}H_{25}-N(CH_3)_3]Cl$$

$$[C_{12}H_{25}-N_5H_5]Cl$$

阳离子表面活性剂的防膨有效期比盐长,但没有多核羟桥络离子长。此外,它在地层孔隙中的吸附会降低油相渗透率。

5) 阳离子聚合物

阳离子聚合物可在水中溶解、离解,从而产生高正电价的高分子阳离子。它少量存在就能有效地中和黏土表面的负电性。

下面是一些可用于黏土防膨的阳离子聚合物:

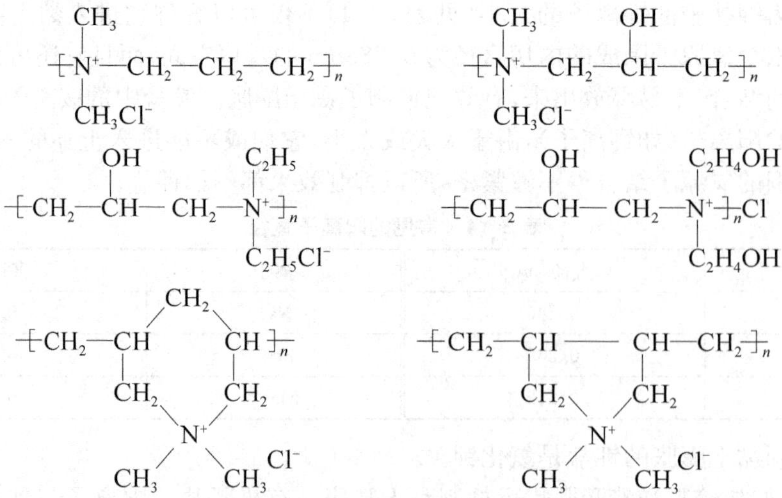

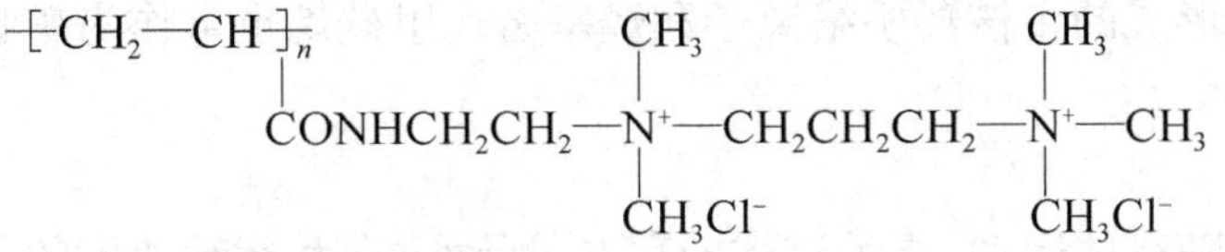

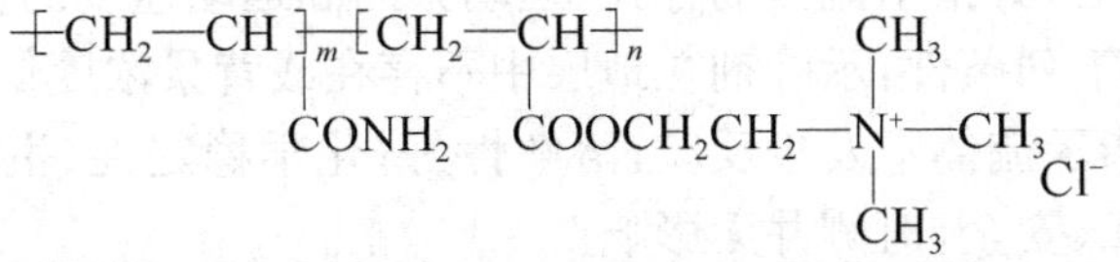

$$\underset{\substack{|\\ \text{CONHCH}_2\text{CH}_2-\overset{\overset{\text{CH}_3}{|}}{\underset{\underset{\text{CH}_3}{|}}{N^+}}-\text{CH}_2\text{CH}_2-\overset{\overset{\text{CH}_3}{|}}{\underset{\underset{\text{CH}_3}{|}}{N^+}}-\text{CH}_3 \\ \text{Cl}^- \qquad\qquad \text{Cl}^-}}{\text{—[CH}_2-\text{CH]}_n\text{—}}$$

$$\underset{\substack{|\qquad\qquad\qquad |\\ \text{CONH}_2\quad \text{COOCH}_2\text{CH}_2-\overset{\overset{\text{CH}_3}{|}}{\underset{\underset{\text{CH}_3}{|}}{N^+}}-\text{CH}_3 \\ \text{Cl}^-}}{\text{—[CH}_2-\text{CH]}_m\text{[CH}_2-\text{CH]}_n\text{—}}$$

阳离子聚合物防膨效果最好。它们的优点在于：大分子链上正电荷量多，可同时吸附在多个黏土片状结构上，与黏土表面吸附能力强；它们与黏土表面是多点吸附，要使它们完全脱附，必须每个吸附点同时被低价阳离子取代而脱附下来，而实际上这几乎是不可能的。

因此这些阳离子聚合物不仅效果好，而且持久性强，被誉为永久性黏土防膨剂，可用于各种条件下的地层。

2. 矿物微粒稳定剂

能抑制地层中各种矿物微粒运移的化学剂称为矿物微粒稳定剂。

非膨胀型黏土矿物在地层流体冲刷下，可分散形成细小的微粒。膨胀型黏土矿物遇水膨胀，也可分散成细小微粒。当流体超过一定流速时，这些微粒会随流体运移，堵塞地层孔隙喉道，使地层渗透性受到严重伤害。

可用矿物微粒稳定剂抑制黏土微粒运移。矿物微粒稳定剂一般为非离子或阳离子聚合物，非离子聚合物可通过氢键使黏土微粒与地层表面连接起来，阳离子聚合物则可通过静电引力将黏土微粒与地层表面连接起来，从而起到防止黏土颗粒运移的作用。

下列聚合物可作为矿物微粒稳定剂：

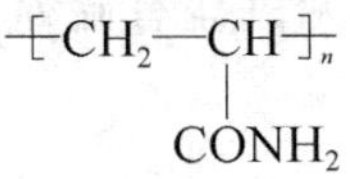

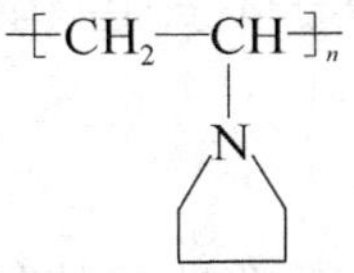

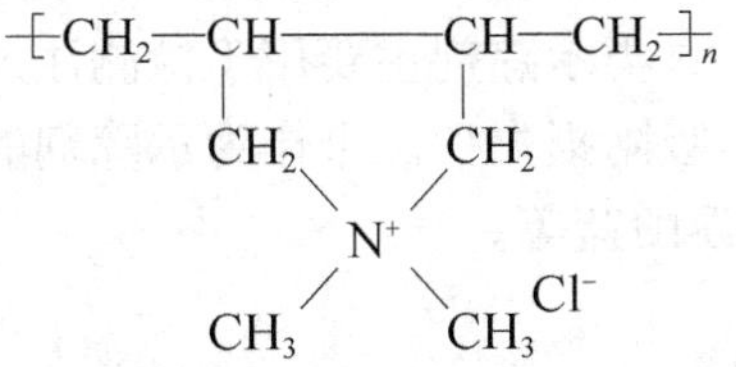

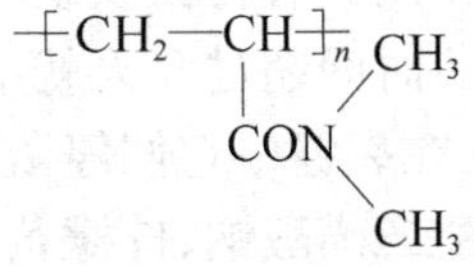

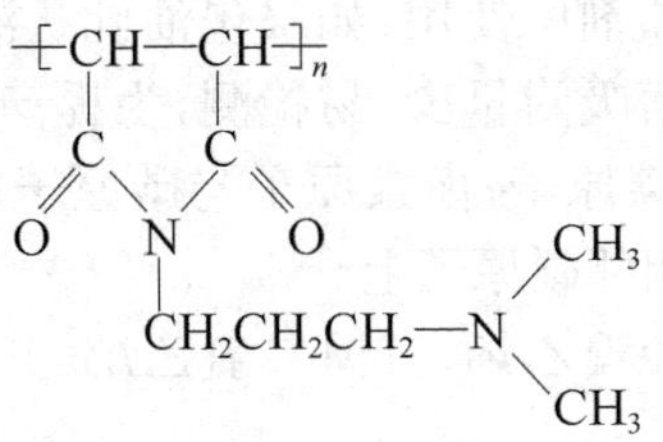

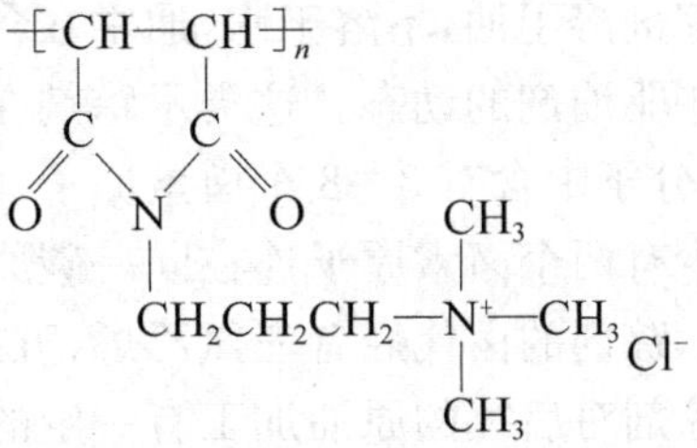

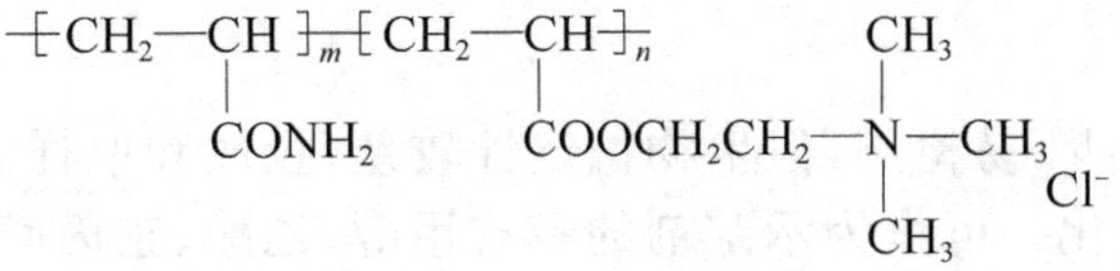

高价金属离子形成的多核羟桥络离子和烃基卤代甲硅烷也可作为矿物微粒稳定剂使用。

六、示踪剂

示踪剂是指能随流体运动,指示流体的存在、运动方向和运动速度的化学剂。

选用示踪剂时应满足下列条件:示踪剂在地层中不存在或背景浓度低;在地层表面不吸附或吸附浓度低;与地层所指示流体不发生反应,溶解性好;化学稳定性、生物稳定性、热稳定性好;易检测,灵敏度高;无毒、安全,对测井无影响。

可选用的示踪剂有以下几种。

1. 含放射性同位素的化合物

这类示踪剂易检测、用量少、价格便宜,只放出易防护的 β 射线,不影响测井,所以应用前景广阔。但这类示踪剂为放射性物质,因此必须由专门部门的专门人员投放。以下是几种含放射性同位素的化合物的结构式:

$$^3HH \quad ^3HHO \quad ^3HC_7H_{15} \quad ^3HC_4H_8OH$$
（氚化氢）（氚水）（氚化庚烷）（氚化丁醇）

$$CH_3-\underset{\underset{CH_3}{|}}{\overset{\overset{^{14}CH_3}{|}}{C}}-OH \qquad CH_3-\underset{\underset{C_2H_5}{|}}{\overset{\overset{^{14}CH_3}{|}}{C}}-OH$$

（C—14丁醇）　　　（C—14戊醇）

2. 无机盐

这是一类阴离子基团易检测的无机盐,这些无机盐的阴离子在地层中基本没有,而且地层砂岩表面带负电使这些负离子不发生吸附。可用的无机盐有硫氰酸铵、硝酸铵、溴化钠、碘化钠等。

3. 染料

工程中通常使用具有特征吸收峰的阴离子染料。但由于它们在地层内吸附量大,因此它们在地层中的停留时间超过 5 天就不能使用。这类示踪剂主要用于检测注入井和采出井之间的地层裂缝,因为在裂缝中它们停留的时间短,吸附损失少。可作为示踪剂的阴离子染料有胭脂红、茜素红、蒽醌二磺酸钠、柠檬黄、曙红 Y、溴酚蓝等。

4. 卤代烃

这类示踪剂溶于油,不溶于水,通常在含油的驱油剂中使用,如水包油乳状液、微乳液等,用于监测这些驱油剂的动态。这类示踪剂在地层表面吸附量少,易检测,为提高其灵敏度,在结构上要求:分子中含有 3~8 个卤素原子、2~10 个碳原子;卤素原子与碳原子比为 0.5~3;在分子中至少有两个卤素原子连在同一碳原子上或相邻碳原子上。

可作为示踪剂的卤代烃有三氯乙烯、五氯乙烷、四溴乙烯、三溴二氯乙烷、五氯苯、六氟苯等。这类示踪剂对后续的原油加工有一定的影响。

5. 低分子醇

醇在地层表面吸附量少,易检测,但生物稳定性较差,投放和取样时需加入杀菌剂,防止生物降解引起的浓度变化。可作为示踪剂的醇有甲醇、乙醇、正丙醇、异丙醇、丁醇和戊醇等。

第四节 烷基苯磺酸盐的生产

烷基苯磺酸盐中典型的产品为直链烷基苯磺酸钠(LAS),它是以直链烷基苯为原料,与适当的磺化剂反应生成烷基苯磺酸,然后再用烧碱中和而制得的。其分子式为:

$$R\text{—}\underset{}{\bigcirc}\text{—}SO_3Na \qquad R=C_{12}\sim C_{18}$$

烷基苯磺酸钠不是单一组分。由于工艺与原料不同,烷基苯的链长及支化情况不同,苯环与烷基的连接位置以及磺酸基进入苯环的多少和位置也不同,因此它是一个复杂的体系。体系的组成和结构的差异对产品性能有一定影响。

一、烷基苯的磺化反应

烷基苯磺化是制备烷基苯磺酸钠的重要环节,是决定产品质量优劣的关键工序之一。烷基苯磺化可用的磺化剂有浓硫酸($98\% H_2SO_4$)、发烟硫酸($H_2SO_4 \cdot SO_3$)以及三氧化硫(SO_3)。磺化反应是亲电取代反应,其反应通式为:

$$R\text{—}\underset{}{\bigcirc}+SO_3 \longrightarrow R\text{—}\underset{}{\bigcirc}\text{—}SO_3H$$

$$R\text{—}\underset{}{\bigcirc}+H_2SO_4 \rightleftharpoons R\text{—}\underset{}{\bigcirc}\text{—}SO_3H+H_2O$$

不同的磺化剂与烷基苯反应的难易程度及放热量均不同。用三氧化硫作磺化剂,磺化反应的活化能最低,反应最易进行,但反应放热量最大,反应后期由于分子间的相互缔合作用使黏度大大增加,必须采取专门措施排除反应热。用浓硫酸作磺化剂时,磺化反应生成水,反应可逆;为使反应顺利进行,需将水不断除去,否则反应难以进行。用发烟硫酸作磺化剂时,反应易于控制,但生成了硫酸与磺酸的混合物,需加强后处理。

无论采用哪种磺化剂,由于长链烷基苯的空间位阻效应,生成的产品几乎都是对位取代产物。

在磺化反应中,将不可避免地生成一些副产物。如以三氧化硫和空气混合磺化时,若磺化剂过量,反应温度过高,可生成磺酸酐;在使用强磺化剂或磺化时间过长时,会发生过磺化,生成多磺酸;当烷基苯中含有少量二苯烷时,易生成烷基二苯磺酸;磺化剂的氧化作用可将烷基苯氧化成不饱和的环酮或醌,使产品色泽加深,也可发生支链氧化,生成焦油状黑色物质;以浓硫酸为磺化剂时,易发生逆烷基化作用,使产物带有烯烃的气味;此外,还可生成没有表面活性的砜,直接影响产品质量。

总之,烷基苯的磺化反应较为激烈,混合不均匀、局部过热、反应时间过长、烷基苯中杂质含量过高等因素,均会使副产物增加,影响最终产品质量。因此,控制烷基苯磺化反应条件是提高烷基苯磺酸钠产品质量的关键。

二、硫酸磺化工艺

用浓硫酸或发烟硫酸作磺化剂生产烷基苯磺酸,既可采用釜式间歇磺化工艺,也可采用罐组式连续磺化工艺。但这两种工艺都有搅拌慢、传质差、传热慢的缺点,易发生局部反应过热,副反应多,产品质量较差,故目前已很少采用罐式或釜式反应设备。当前国内外普遍采用的是以发烟硫酸为磺化剂的连续磺化工艺,其工艺流程如图3-7所示。

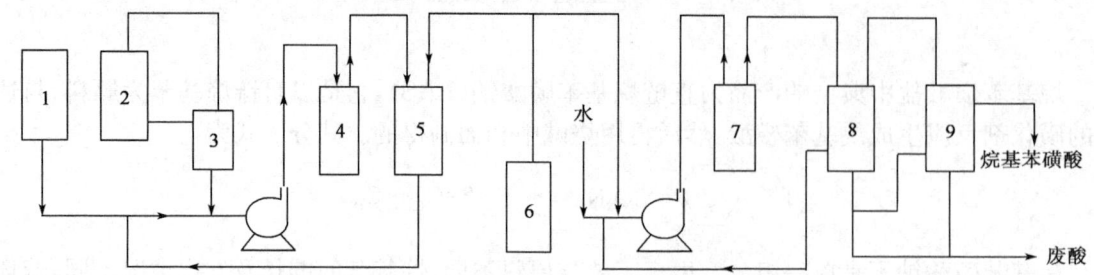

图3-7 发烟硫酸连续磺化工艺流程图
1—烷基苯高位槽;2—发烟硫酸高位槽;3—过滤器;4,7—冷却器;
5—老化器;6—混酸槽;8,9—分离器

连续磺化工艺主要分为反应和分酸两段。反应是指烷基苯与发烟硫酸反应生成烷基苯磺酸和硫酸的过程;分酸是用水将磺酸与硫酸形成的混酸稀释,使硫酸与磺酸的互溶度降至最低,从而利用密度差将它们分开的过程。

在磺化过程中应注意以下的一些主要工艺条件。

1. 酸烃比

酸烃比是指硫酸与烷基苯的用量之比。选择的酸烃比与磺化剂的性质及烷基苯的质量有关。由于硫酸与烷基苯的磺化是一个可逆反应,反应生成的水不断稀释硫酸,当硫酸浓度降至一定值后,磺化反应达到平衡。因此,为了使反应较易进行,加酸量必须高于理论用酸量,但加酸量过多,则会产生大量的废酸。表3-5列出了烷基苯磺化的理论和实际酸烃质量比。

表3-5 烷基苯磺化的酸烃质量比

硫酸浓度,%	理论酸烃质量比($m:m$)	实际酸烃质量比($m:m$)	
		精烷基苯	粗烷基苯
98	0.4:1	1.5~1.6:1	1.7~1.8:1
104.5	0.37:1	1.1~1.2:1	1.25~1.3:1

除采用高浓度和过量硫酸来保证反应顺利进行外,在某些磺化工艺中也可采用共沸脱水的方法。

2. 反应温度

反应温度对产品色泽有很大影响。磺化是放热反应,需及时带走反应热,以避免过多的副反应发生。用104.5%发烟硫酸作磺化剂时,反应温度以36~45℃为宜。原料为精烷基苯时,磺化温度在36~40℃即可;原料为粗烷基苯时,磺化温度可稍高些,选40~45℃。用98%浓硫酸磺化精烷基苯时,磺化温度可高达60~70℃。

3. 分酸

分酸是发烟硫酸磺化工艺的一部分。磺化后,生成的磺酸与未反应的硫酸混合在一起,称为混酸。加入一定量的水能降低二者的互溶度,使之靠密度差分开。分酸的目的在于提高磺酸含量,节省中和时的碱量,减少含盐量,提高产品色泽。

分酸的加水量多少,不仅影响分酸效果,而且也影响分酸操作。加水量不足,磺酸与废酸分离不清或分离时间过长;加水量过多,易使磺酸遇水结块,造成磺酸损失。废酸浓度在75%～78%时,磺酸与废酸的互溶度最低,分离最干净。

分酸的过程实际上是加水使硫酸稀释的过程,因此放出大量的稀释热,必须通过冷却来控制分酸温度。温度过低时物料黏度大,不易分离干净;温度过高会导致磺酸色泽加深。分酸温度一般控制在45～50℃。

三、三氧化硫磺化工艺

三氧化硫磺化属气液非均相反应。磺化反应主要发生在液体表面上,或者一些三氧化硫气体溶解在液相中,并在液相中进行反应。三氧化硫磺化速度快,放热量大,其磺化反应速度比发烟硫酸快200倍,大部分反应热在初始阶段放出,因此如何移走反应热和控制反应速度是三氧化硫磺化反应的关键。反应体系中因没有硫酸存在,反应体系的黏度急剧增加,带来了传热与传质的困难,易使体系局部过热,副反应增加。因此在实际生产中要求投料比、气体浓度、反应温度稳定,物料在体系中停留时间短,气液两相接触状态良好,及时排走反应热。可采用的三氧化硫磺化工艺主要有两种,一种是带搅拌的罐组式磺化工艺,一种是膜式磺化工艺。图3-8给出了三氧化硫膜式磺化工艺流程。

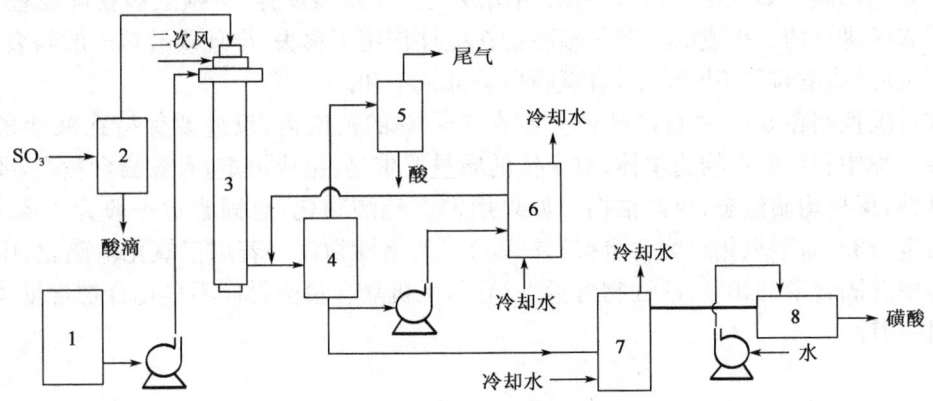

图3-8 三氧化硫膜式磺化工艺流程图

1—烷基苯储罐;2—三氧化硫液滴分离器;3—双膜磺化器;4—尾气分离器;
5—分离器;6—冷却器;7—老化器;8—加水器

罐组式磺化器容量大,操作弹性大,开停车容易,可省去三氧化硫吸收塔,反应过程不产生大量尾气,所以尾气净化系统简单,整套设备的投资费用较少。但该工艺反应物料相对于膜式磺化器停留时间较长,物料返混不可避免,反应器死角区也不可避免,因此产生副反应的机会较多,产品色泽较差。目前该工艺已逐渐为膜式磺化工艺所取代。

膜式磺化工艺是将烷基苯造成膜状(一般膜厚在0.1mm左右)流动,与顺流的三氧化硫气体进行反应。反应是在烷基苯液膜表面进行的,液体物料停留时间极短,仅几秒钟。用空气稀释的三氧化硫通过磺化器的速度在20～30m/s之间,几乎不存在物料返混现象,过磺化及其他副反应的机会比罐组式少,反应热能及时排出,因而能获得较好的产品。

膜式磺化器可分为单膜、双膜和多管式三种,其中使用较多的是双膜磺化器。在双膜式磺化器中,同时形成两股烷基苯膜(内膜与外膜),三氧化硫则从两股膜之间通过,与烷基苯发生反应。

尽管采用膜式化装置,但反应速度的控制还是值得注意的问题。如果不加控制的任三氧化硫与烷基苯膜接触,反应激烈得常常引起碳化。所以一般用干燥的空气来稀释三氧化硫,三氧化硫在干燥的空气中的浓度为3%～5%,气体在反应区的停留时间不到1s。

由反应器底部出料的磺酸要进入老化器老化。即磺化反应后的磺酸要在不加任何新鲜物料的条件下停留一段时间,使其中未反应的烷基苯和三氧化硫继续进行反应,从而提高烷基苯的转化率和三氧化硫的利用率。

四、烷基苯磺酸的中和

工业上用烧碱中和烷基苯磺酸,制得烷基苯磺酸钠。

烷基苯磺化产物中含有一部分硫酸,用硫酸或发烟硫酸磺化时含硫酸较多,用三氧化硫磺化时硫酸含量很低。因此中和反应包括磺酸的中和与硫酸的中和,有

$$R-C_6H_4-SO_3H + NaOH \longrightarrow R-C_6H_4-SO_3Na + H_2O$$

$$H_2SO_4 + 2NaON \longrightarrow Na_2SO_4 + 2H_2O$$

烷基苯磺酸与烧碱的中和反应与一般的酸碱中和反应有所不同,它是一个复杂的胶体化学过程。烷基苯磺酸黏度很大,且遇水后结团成块。在剧烈搅拌下,磺酸被粉碎成粒子,反应是在粒子表面进行的。生成的烷基苯磺酸钠在搅拌作用下移去,出现磺酸粒子的新表面,继续与碱分子反应,磺酸粒子不断减小,直至磺酸全部被中和。

中和温度控制在50℃左右,pH值控制在7～10的范围内,反应要保持在碱性条件下进行。工业上称中和后的产物为单体,对单体的质量要求是:组成恒定,有效物含量高,要具有良好的流动性,保持均质液态,色泽洁白。如果用发烟硫酸磺化,总固含量一般为40%～50%,活性物含量≥32%,不皂化合物含量<3%(以100%活性物计);若用三氧化硫磺化,中和后得到的单体中总固含量≥40%,活性物含量>36%,无机盐含量<2%,不皂化合物含量<3%(以100%活性物计)。

第四章 提高采收率用化学剂

油田开采的过程,一般是先利用油层原有的能量采油,称为内能消耗方式。驱动原油从地层流向井筒的能量主要是油中溶解的天然气,故称溶解气驱。

当溶解气能量消耗到不能再把原油推到井底时,这一开采期便结束了。油田一般是在内能消耗法开采的某一阶段实行人工注水或注气,以向地层补充能量并将原油驱向井底。通常将内能消耗法采油称为一次采油,人工注水或注气采油称为二次采油。

内能消耗法的采收率很低,人工注水的采收率比内能消耗法要高得多。砂岩油层经人工注水后采收率可达28%～87%,石灰岩地层一般可达6%～80%。

人工注水固然可以提高原油的采收率,但仍然有一部分原油残留在油层中,如何采出这部分二次残余油或水驱残余油,是人们非常关注的问题,因此三次采油技术应运而生。

三次采油是向地层中注入地层中没有的物质的采油阶段,其特点是向油层注入水以外的其他驱油剂来采油的,目的是进一步提高原油采收率,因此也称为提高采收率技术。如向油层中注入热蒸汽、注入表面活性剂体系、注入聚合物溶液、注入碱溶液、注入浓硫酸、注入二氧化碳等均可较大幅度地提高原油的采收率。

第一节 聚合物驱油用化学剂

聚合物驱油是以聚合物水溶液为驱油剂的一种提高采收率的方法,是目前公认的最经济、最有前途的三次采油技术。油层渗透率的非均一性和较高的流度比是使驱油剂波及系数低的主要原因。聚合物溶液的高黏度和它在多孔介质中的流动特性,使它具有控制流度比和调整渗透率不均一性的特殊作用。

用于提高采收率的聚合物都是水溶性聚合物,可分为两类,即合成聚合物和天然聚合物。

一、聚丙烯酰胺

用于提高采收率的聚丙烯酰胺包括未水解的聚丙烯酰胺(非离子聚丙烯酰胺)和部分水解聚丙烯酰胺(阴离子聚丙烯酰胺)。

非离子聚丙烯酰胺的结构为:

$$\sim\sim CH_2-CH-CH_2-CH-CH_2-CH-CH_2-CH\sim\sim$$
$$\qquad\quad\; CONH_2 \quad\;\, CONH_2 \quad\;\, CONH_2 \quad\;\, CONH_2$$

阴离子聚丙烯酰胺的结构为:

$$\sim\sim CH_2-CH-CH_2-CH-CH_2-CH-CH_2-CH\sim\sim$$
$$\qquad\quad\; CONH_2 \quad\;\, COONa \quad\;\, CONH_2 \quad\;\, COONa$$

高相对分子质量的部分水解聚丙烯酰胺是提高采收率中应用最广泛的一种聚合物,它可由聚丙烯酰胺在碱性条件下水解而成,也可以通过丙烯酰胺和丙烯酸共聚水解得到。

聚丙烯酰胺的相对分子质量是决定其黏度的主要因素,溶液黏度随相对分子质量的增加而增加。测定聚丙烯酰胺相对分子质量最常用的方法是黏度法,即用乌氏黏度计分别测定溶剂与溶液的黏度,然后求出特性黏度,用 Mark—Houwin 方程确定其相对分子质量。

聚丙烯酰胺中的酰胺基（—$CONH_2$）水解成羧基（—COONa）的百分数称为聚丙烯酰胺的水解度,它是决定聚丙烯酰胺水溶液性质的一个重要参数。大多数用于提高采收率的聚丙烯酰胺的水解度为 25%～30%。

聚丙烯酰胺是目前公认的使用效果好、最有发展前景的聚合物。大庆油田的现场应用表明,注入 1t 聚丙烯酰胺可增产原油 150t 左右。但在使用聚丙烯酰胺驱油的实践过程中也发现了一些问题。

聚丙烯酰胺的降解是较严重的问题之一,包括剪切降解、热降解和氧化降解。

在部分水解聚丙烯酰胺的注入泵前后取样分析,可以发现其黏度下降了 10%～30%。为了解决这种剪切降解问题,可采用增加注入浓度、加入交联剂或地下合成等方法。目前的发展方向是通过共聚方法在聚丙烯酰胺分子中引入带支链的链节,提高其刚性,从而提高其抗剪切能力,例如:

$$\mathrm{+CH_2-CH+_{\mathit{m}}[CH_2-CH]_{\mathit{n}}[CH_2-CH]}\begin{matrix}R_1\\R_2\end{matrix}$$
$$\quad\quad\;\;|\quad\quad\quad\;\;|\quad\quad\quad\;\;|$$
$$\quad\quad CONH_2\quad\;\,COONa\quad\;CONH$$

其中 R_1、R_2 为 C_1～C_6 的烷基、羟乙基或—$C(CH_2OH)_2OH$。

$$\mathrm{+CH_2-\underset{CONH_2}{\overset{R}{C}}+_{\mathit{m}}[CH_2-\underset{COONa}{\overset{R}{C}}]_{\mathit{m}}}$$

其中 R 为甲基或苯基。

聚丙烯酰胺在温度超过 93℃时会发生严重的热降解,因此在高温地层不适宜使用聚丙烯酰胺。也可以通过共聚的方法在聚丙烯酰胺分子中引入环状结构和磺酸基,提高其热稳定性,例如:

$$\mathrm{+CH_2-CH+_{\mathit{m}}[CH_2-CH]_{\mathit{n}}[CH-CH]_{\mathit{p}}}$$

（R为氢、甲基或苯基）

$$\mathrm{+CH_2-CH+_{\mathit{m}}[CH_2-CH]_{\mathit{n}}[CH-CH]_{\mathit{p}}}$$

（含马来酰亚胺环，N—R 取代）

$$\mathrm{+CH_2-CH+_{\mathit{m}}[CH_2-CH]_{\mathit{n}}[CH-CH]_{\mathit{p}}}$$

（N—苯基，苯环带 SO_3Na）

$$\text{\textemdash}[CH_2\text{\textemdash}CH]_m[CH_2\text{\textemdash}CH]_n[CH_2\text{\textemdash}CH]_p\text{\textemdash}$$
$$\quad\quad\quad | \quad\quad\quad\quad | \quad\quad\quad\quad |$$
$$\quad\quad CONH_2 \quad\quad COONa \quad\quad C_6H_4SO_3Na$$

氧化作用也会引起部分水解聚丙烯酰胺的降解。例如,暴露在空气中的部分水解聚丙烯酰胺水溶液,其黏度随时间增加而逐渐降低的现象就是由氧化降解引起的。为减少氧化降解,配制溶液用水应预先除氧,并在水中加除氧剂。

随着聚合物驱油的矿场应用,聚合物驱采出水的回注已经提到日程。但聚合物驱采出水的矿化度较高,在高矿化度地层水中聚丙烯酰胺的增黏效果变差。因此,提高聚丙烯酰胺抗盐性的问题引起了人们的普遍关注。目前研究的重点是在聚丙烯酰胺的分子结构中引入磺酸基等强亲水基团,来提高聚丙烯酰胺的抗盐性能,例如:

$$\text{\textemdash}[CH_2\text{\textemdash}CH]_m[CH_2\text{\textemdash}CH]_n[CH_2\text{\textemdash}CH]_p\text{\textemdash}$$
$$\quad CONH_2 \quad\quad COONa \quad\quad SO_3Na$$

$$\text{\textemdash}[CH_2\text{\textemdash}CH]_m[CH_2\text{\textemdash}CH]_n[CH_2\text{\textemdash}CH]_p\text{\textemdash}$$
$$\quad CONH_2 \quad\quad COONa \quad\quad CONHCH_2CH_2SO_3Na$$

$$\text{\textemdash}[CH_2\text{\textemdash}CH]_m[CH_2\text{\textemdash}CH]_n[CH_2\text{\textemdash}CH]_p\text{\textemdash}$$
$$\quad CONH_2 \quad\quad COONa \quad\quad CONH(CH_2CH_2O)_qSO_3Na$$

$$\text{\textemdash}[CH_2\text{\textemdash}CH]_m[CH_2\text{\textemdash}CH]_n[CH_2\text{\textemdash}CH]_p\text{\textemdash}$$
$$\quad\quad\quad\quad\quad\quad\quad\quad\quad\quad\quad\quad CH_3$$
$$\quad\quad\quad\quad\quad\quad\quad\quad\quad\quad\quad | $$
$$\quad CONH_2 \quad\quad COONa \quad\quad CONH\text{\textemdash}C\text{\textemdash}CH_2SO_3Na$$
$$\quad\quad\quad\quad\quad\quad\quad\quad\quad\quad\quad | $$
$$\quad\quad\quad\quad\quad\quad\quad\quad\quad\quad\quad CH_3$$

此外,在聚丙烯酰胺分子中同时引入阳离子和阴离子基团且两种离子基团的电荷数目相等所形成的两性共聚物具有优异的抗盐性能。它们在盐溶液中表现出的是一种反聚电解质行为,即在一定条件下,这类聚合物在盐溶液中的黏度不会随外加盐浓度的增加而减少,而是随外加盐浓度的增加而增大,呈现出十分明显的反聚电解质溶液行为。目前关于这类聚合物的结构和性能的研究十分活跃,虽在应用方面报道较少,但它们的特殊结构和性能会使其具有广阔的应用前景。

具有反聚电解质行为的两性聚合物有多种合成方法,它们可以通过不同的阴阳离子单体共聚得到。如采用丙烯酰胺、2-丙烯酰胺基-2-甲基丙磺酸钠与2-丙烯酰胺基-2-甲基丙基二甲基氯化铵盐酸盐的三元共聚;或乙烯基吡咯烷酮、2-丙烯酰胺基-2-甲基丙磺酸钠与甲基丙烯酰胺基丙基三甲基氯化铵的三元共聚;或丙烯酰胺、苯乙烯磺酸盐钠与丙烯酰胺基丙基三甲基氯化铵的三元共聚,可得到下列聚合物:

$$\text{\textemdash}[CH_2\text{\textemdash}CH]_x[CH_2CH]_y[CH_2\text{\textemdash}CH]_z\text{\textemdash}$$
$$\quad | \quad\quad\quad | \quad\quad\quad\quad | $$
$$\quad CONH_2 \quad CONH \quad\quad CONH \quad CH_3$$
$$\quad\quad\quad\quad\quad | \quad\quad\quad\quad\quad | \quad\quad | $$
$$\quad\quad\quad CH_3CCH_2SO_3Na \quad CH_3CCH_2\text{\textemdash}NHCl$$
$$\quad\quad\quad\quad\quad | \quad\quad\quad\quad\quad | \quad\quad | $$
$$\quad\quad\quad\quad\quad CH_3 \quad\quad\quad\quad CH_3 \quad CH_3$$

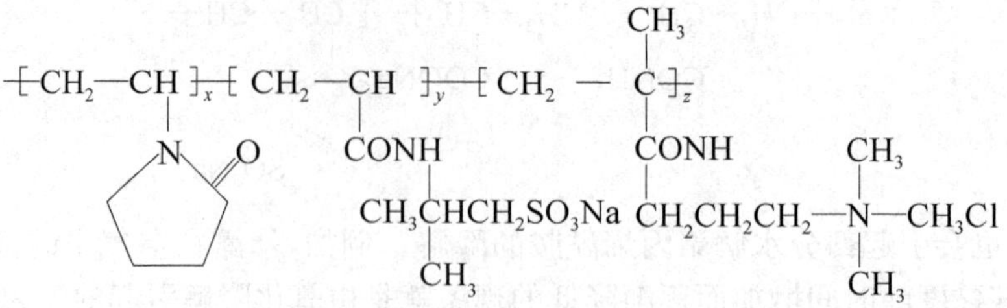

$$\{CH_2-CH\}_x\{CH_2-CH\}_y\{CH_2-\underset{CH_3}{\underset{|}{C}}\}_z$$
（结构式：含吡咯烷酮、CONH-CH(CH₃)CH₂SO₃Na、CONH-CH₂CH₂CH₂-N⁺(CH₃)₂CH₃Cl⁻）

$$\{CH_2-CH\}_x\{CH_2-CH\}_y\{CH_2-CH\}_z$$
（结构式：CONH₂、对位SO₃Na苯基、CONH-CH₂CH₂CH₂-N⁺(CH₃)₂CH₃Cl⁻）

也可直接用甜菜碱型两性活性单体合成两性聚合物，这样可保证聚合物分子中的净电荷数为零，使其具有更好的反聚电解质行为，例如：

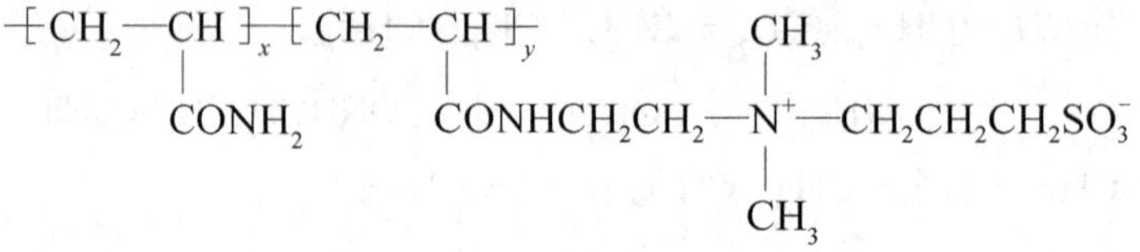

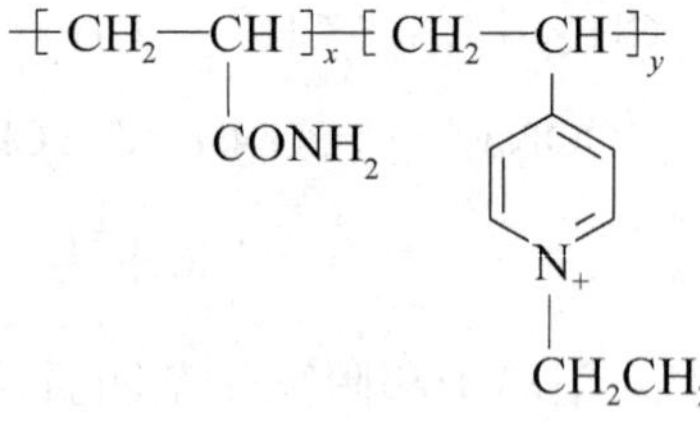

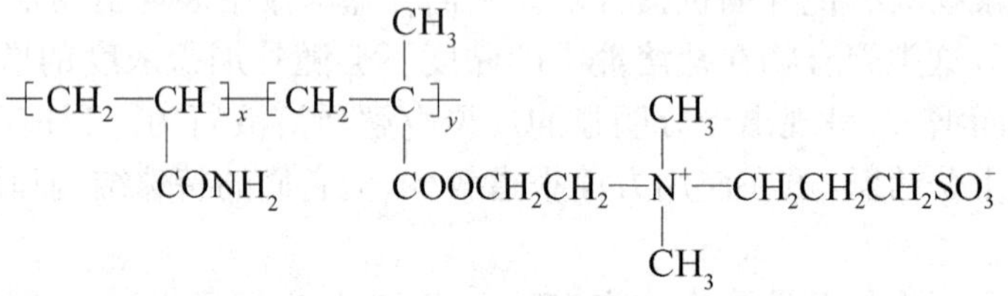

$$\{CH_2-CH\}_x\{CH_2-CH\}_y$$
（CONH₂；CONHCH₂CH₂—N⁺(CH₃)₂—CH₂CH₂CH₂SO₃⁻）

$$\{CH_2-CH\}_x\{CH_2-CH\}_y$$
（CONH₂；4-吡啶基-N⁺-CH₂CH₂CH₂SO₃⁻）

$$\{CH_2-CH\}_x\{CH_2-\underset{CH_3}{\underset{|}{C}}\}_y$$
（CONH₂；COOCH₂CH₂—N⁺(CH₃)₂—CH₂CH₂CH₂SO₃⁻）

聚丙烯酰胺在使用中的另一问题是吸附损失问题。吸附的结果，使聚丙烯酰胺溶液的黏度逐渐下降，特别是在近井地带的吸附，将大大增加注入压力。目前采用的减少吸附量的方法有两种：一是提高水解度，这在地层水中钙、镁离子含量不高时是可行的；另一种方法是用相对分子质量低的部分水解聚丙烯酰胺或其他易在油层表面吸附而价格又便宜的高分子化合物作前置液，让它们先在油层表面吸附，从而减少后注入的高分子聚丙烯酰胺的吸附。

二、生物聚合物

目前用于提高采收率的生物聚合物主要是黄原胶，它是由碳水化合物经黄单胞杆菌作用得到的聚多糖，其分子结构如下：

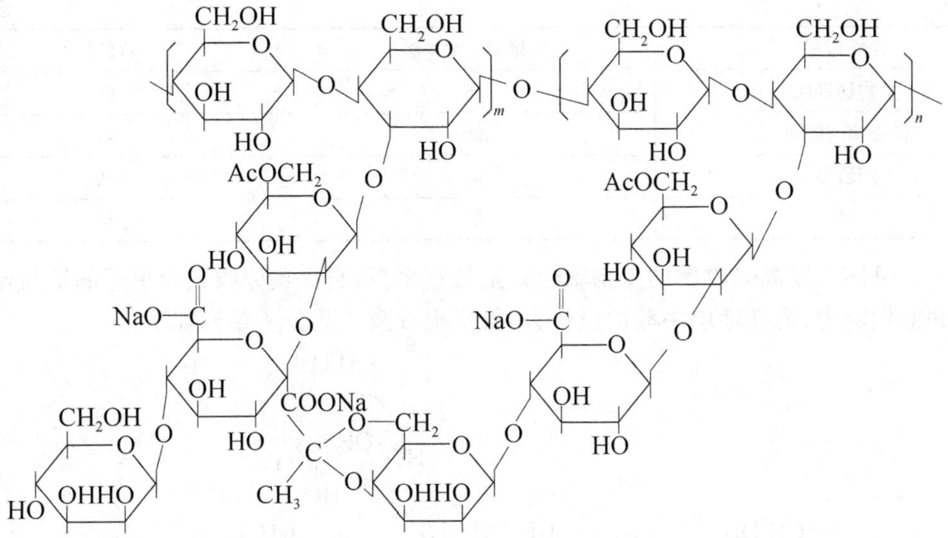

黄原胶的分子骨架是在每组第二个葡萄糖环上有两个不同侧链的纤维素链。侧链也有同基本单元一样的糖环,每个侧链由三个单糖组成。第一个侧链末端开始的是一个甘露糖,接着是葡萄糖酸,然后是在第六位碳原子上接一个乙酰基的甘露糖。第二个侧链与第一个类似,只不过在末端甘露糖上有一个丙酮酸盐单元。丙酮酸盐分子的分布还不完全清楚。丙酮酸盐基团和两个葡萄糖酸使分子具有阳离子特征。黄原胶有较大的侧链,它对主链有极好的保护作用,使得其稳定性大大提高。同时,它的化学结构恒定,物理、化学性质稳定,这是其他天然聚合物所不及的。工业级黄原胶的一般物理性质见表4-1。

表 4-1 工业级黄原胶的物理性质

表观性状	淡黄色粉末	变色温度	160℃
湿含量	12%	碳化温度	270℃
氮含量	1.2%	闪点	470℃
灰分	10%	燃点	空气中不自燃
相对密度	1.5	燃烧热	14.56J/g
视密度	0.839g/cm^3	溶解热(1%溶液)	0.230 J/g

水是黄原胶的优良溶剂。在水中黄原胶迅速吸水溶解,如果搅拌不良,很容易造成结块,使溶解时间大大延长或难于溶解,因此常采用高剪切混合溶解、喷射混合溶解与糖、淀粉等混合后溶解或用乙醇等溶剂分散后再溶解的方法制备不同浓度的水溶液。

黄原胶作为提高采收率的驱油剂,具有良好的增黏能力和流度控制能力,抗盐性能和抗剪切性能优于聚丙烯酰胺,但比聚丙烯酰胺易生物降解,且价格也高于聚丙烯酰胺。表4-2比较了黄原胶和水解聚丙烯酰胺的一些性能。

表 4-2 水解聚丙烯酰胺和黄原胶的性能比较

性能指标	水解聚丙烯酰胺	黄原胶
耐温性	<93℃	<71℃
抗剪切性	低	高
抗盐性	低	高

续表

性能指标	水解聚丙烯酰胺	黄原胶
生物稳定性	高	低
微胶堵塞倾向	低	高
滞留量	高	低
价格	低	高

另一种可用于提高采收率的生物聚合物是硬葡聚糖，它比黄原胶具有更好的抗盐性能、抗温性能和增稠能力，但在地层中滞留量较大，价格也较高。其分子结构如下：

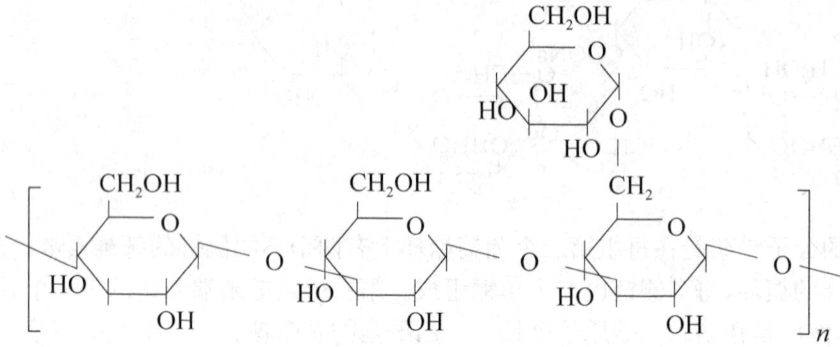

第二节　表面活性剂驱油用化学剂

表面活性剂驱油是以表面活性剂体系作为驱油剂的一种提高采收率方法。表面活性剂分子在溶剂中缔合形成胶束的最低浓度即为临界胶束浓度(cmc)。

表面活性剂体系主要有：活性水(表面活性剂浓度小于 cmc 的体系)、胶束溶液(活性剂浓度大于 cmc 但小于 2% 的体系)、微乳液(活性剂浓度大于 2% 的体系)、乳状液体系、泡沫体系等。

活性水是表面活性剂浓度为 0.001%～0.1% 范围的水溶液。它比普通水驱油具有更高的采收率，因它可以提高驱油剂的驱替效率和波及系数。

微乳液是由油、水、表面活性剂、助表面活性剂和电解质组成的透明或半透明的热力学稳定体系。微乳液有水外相微乳液和油外相微乳液之分。用亲水性表面活性剂可配成水外相微乳液，用亲油性表面活性剂可配得油外相微乳液。

适宜驱油用的表面活性剂应满足下列条件：
(1)较强的降低油水界面张力的能力；
(2)有较强的润湿反转能力；
(3)有较好的乳化能力；
(4)受地层离子影响小。

要满足前两个条件，表面活性剂的亲油基应带有分支，因分支结构的表面活性剂降低界面张力的能力和润湿反转能力都较强。要满足第三个条件，表面活性剂的 HLB 值应在 8～18 之间，使油能乳化成水包油型乳状液。要满足最后一个条件，活性剂应选用非离子型或耐盐性能较好的阴离子表面活性剂。

一、石油磺酸盐

石油磺酸盐是目前提高采收率中应用最广泛的一类表面活性剂。

最初人们所说的石油磺酸盐是由硫酸精制白油的副产物经中和而得到的,因其原料组成不同,分子结构十分复杂,其结构分别如下所示:

以低黏度油为原料得到的单芳烃磺酸盐和双芳烃磺酸盐

以高黏度油为原料得到的单芳烃磺酸盐和双芳烃磺酸盐

目前人们所说的石油磺酸盐是以石油及其馏分为原料,先用磺化剂磺化,再用碱中和而制成的产品。由于石油磺酸盐的原料多用混合物,所以产品的组成较为复杂,质量随原料组成及工艺条件而变化。其原料可采用原油、拔头原油、原油馏分和原油加工半成品油。原油可采用石蜡基原油或沥青基油。馏分油和半成品油包括煤油、柴油和润滑油馏分。

制备石油磺酸盐的磺化剂可采用浓硫酸、发烟硫酸或三氧化硫等。中和石油磺酸的碱通常采用氢氧化钠。

二、合成磺酸盐

合成磺酸盐主要包括烷基芳基磺酸盐、α—烯磺酸盐、烷基磺酸盐和氧乙烯基磺酸盐等。

(1)烷基苯磺酸盐(其中 R 为 $C_{12} \sim C_{18}$)的分子结构为:

$$R-\!\!\!\!\bigcirc\!\!\!\!-SO_3Na$$

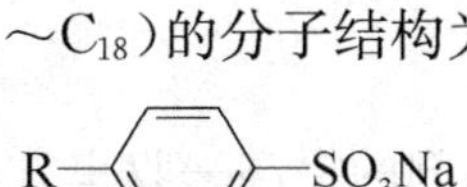

(2)烷基磺酸盐(其中 R 为 $C_{12} \sim C_{18}$)的分子结构为:

$$R-SO_3Na$$

(3)α—烯磺酸盐的分子结构为:

$$R-CH=CH+CH_2\!\!\!\!+_n SO_3Na \qquad R'CH+CH_2\!\!\!\!+_n SO_3Na$$
$$\qquad\qquad\qquad\qquad\qquad\qquad\quad |$$
$$\qquad\qquad\qquad\qquad\qquad\qquad OH$$

目前研究较广泛的是以洗涤剂烷基苯副产物重烷基苯为原料,经磺化、中和得到的重烷基苯磺酸盐,其主要成分为长链双烷基苯磺酸盐,其分子结构为:

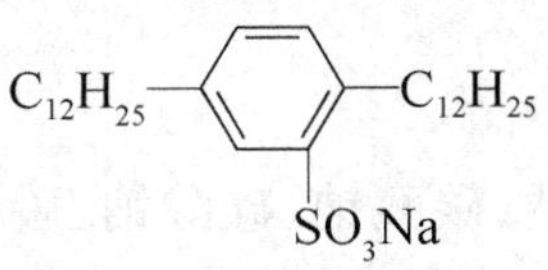

此外,以甲苯、乙苯、二甲苯为原料,羟在苯环上引入长链烷基烷基化,再经磺化、中和后得

到的烷基芳基磺酸盐也具有很好的驱油效果,如:

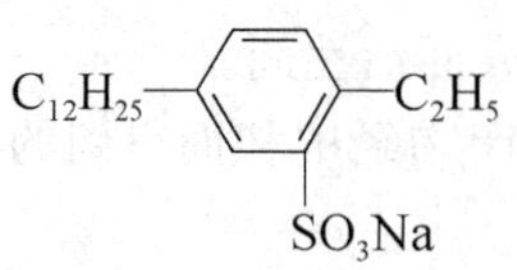

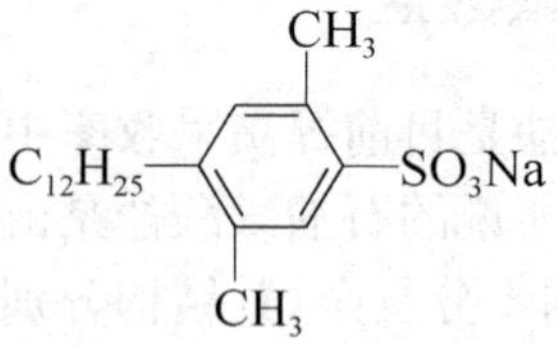

$$\begin{matrix} & CH_3 \\ C_{12}H_{25}\!-\!\!\!\bigcirc\!\!\!-\!C_2H_5 & C_{12}H_{25}\!-\!\!\!\bigcirc\!\!\!-\!SO_3Na \\ SO_3Na & CH_3 \end{matrix}$$

三、非离子表面活性剂

用于驱油的非离子表面活性剂主要有三种。

(1)烷基酚聚氧乙烯醚,其分子结构为:

$$R-\!\!\bigcirc\!\!-O\!-\!\!\!+\!CH_2CH_2O\!\!\!+\!_n H$$

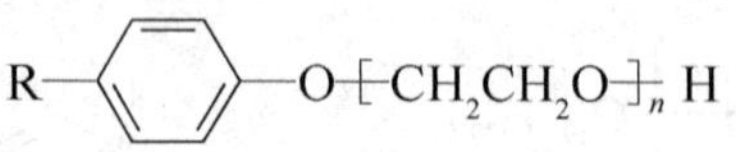

(2)脂肪醇聚氧乙烯醚,其分子结构为:

$$R-O\!-\!\!\!+\!CH_2CH_2O\!\!\!+\!_n H$$

(3)聚氧乙烯聚氧丙烯丙二醇醚,其分子结构为:

$$CH_3-CH-CH-O\!-\!\!\!+\!C_3H_6O\!\!\!+\!_m\!\!\!+\!CH_2CH_2O\!\!\!+\!_n H$$
$$CH_2-O\!-\!\!\!+\!C_3H_6O\!\!\!+\!_m\!\!\!+\!CH_2CH_2O\!\!\!+\!_m H$$

非离子表面活性剂一般与磺酸盐表面活性剂复合使用,可提高体系的耐盐性能,并可进一步降低油水界面张力。

第三节 碱驱所用的化学剂

碱驱是指以碱的水溶液作为驱油剂的提高采收率方法。

碱可与原油中的酸性成分反应,生成活性物质,在最佳盐浓度下,可使油水界面张力降至超低值($\leqslant 10^{-2}$ mN/m),这样就可使碱驱产生与表面活性剂驱同样的效果。因此,适合碱驱的地下原油应具有较高的酸值,且原油中的酸性成分(如环烷酸)应能转化成活性物质。

由于碱与原油中的酸性物质反应生成表面活性物质,并产生较低的油水界面张力,因此碱溶液在地层中能与原油形成水包油乳状液。形成乳状液后,一方面可通过液阻效应提高波及系数;另一方面乳化后的油不易再黏附到岩石表面,提高了驱替效率。

在较高的碱浓度(1%~5%)时,碱可通过改变吸附在岩石表面的油溶性活性物质的溶解度而使它们解吸,恢复岩石表面原来的亲水性,即岩石表面由油润湿变为水润湿,从而提高了驱替效率。

一、碱

碱驱所用的碱主要有氢氧化钠、碳酸钠、硅酸钠、磷酸钠、原硅酸钠等。碱可以与原油中含羧基、酚羟基、硫醇基的物质以及酯类、酰胺类化合物发生反应,生成具有表面活性的物质,如:

$$CH_3-\overset{}{\bigcirc}-(CH_2)_n COOH + NaOH \longrightarrow CH_3-\overset{}{\bigcirc}-(CH_2)_n COONa + H_2O$$

$$\underset{R_2}{\overset{R_1}{\bigcirc}}-OH + NaOH \longrightarrow \underset{R_2}{\overset{R_1}{\bigcirc}}-ONa + H_2O$$

氢氧化钠是常用的效果较好的碱。但它的缺点是,它还可与岩石、黏土组分发生反应,增加碱耗,且容易产生沉淀物质,堵塞、伤害地层。例如,氢氧化钠与石英(SiO_2)、高岭石($Al_2O_3 \cdot 2SiO_2$)反应生成可溶性盐,增加碱耗;与硬石膏、钙黏土反应则生成沉淀,造成地层伤害。其反应式分别如下:

$$SiO_2 + NaOH + H_2O \rightleftharpoons NaH_3SiO_4$$

$$Al_2O_3 \cdot 2SiO_2 + 4NaOH + 3H_2O \rightleftharpoons 2NaH_3SiO_4 + 2Na[Al(OH)_4]$$

$$CaCO_4 + 2NaOH \rightleftharpoons Ca(OH)_2 \downarrow + NaSO_4$$

为了避免过量的碱耗和产生地层伤害,需要控制碱的强度和用量。通常对于低酸值原油使用强碱氢氧化钠,对于高酸值原油可使用碳酸钠。

原硅酸钠(Na_4SiO_4)是目前受到重视的一种碱,它由氢氧化钠与水玻璃复配而成,也可用氢氧化钠与石英反应生成。它在水中通过水解反应生成氢氧根,起到与氢氧化钠类似的作用,反应式如下:

$$Na_4SiO_4 + H_2O \rightleftharpoons 4Na^+ + HSiO_4^{3-} + OH^-$$

$$HSiO_4^{3-} + H_2O \rightleftharpoons H_2SiO_4^{2-} + OH^-$$

$$H_2SiO_4^{2-} + H_2O \rightleftharpoons H_3SiO_4^- + OH^-$$

原硅酸盐在水中离解出的一系列硅酸根离子可通过同离子效应抑制碱与硅酸盐矿物的反应,从而减少碱耗。

二、无机盐

无机盐是碱驱的重要助剂,通常采用氯化钠。氯化钠的作用主要是调整碱驱产生的表面活性物质的亲水亲油平衡关系。在最佳含盐量时,碱溶液与原油形成的低界面张力区可以加宽。

在碱溶液中加入一定量(>1%)的硫酸钠或硫酸铵,可通过同离子效应有效地抑制地层中硬石膏对碱的消耗。

上述的聚合物、表面活性剂和碱可以按不同方式组成各种复合体系以便用于驱油。同时使用两种物质称为二元复合驱,三种物质同时使用称为三元复合驱。复合体系驱油比用单一体系驱油具有更高的原油采收率,尤其是三元复合驱。这主要是因为它们除了具有各自的优点外,还会产生协同效应。例如,表面活性剂与碱复配会提高界面活性;聚合物的存在可减少表面活性剂和碱的损耗;碱可通过增加砂岩表面负电性来减少聚合物与表面活性剂的吸附损失。

第四节 聚丙烯酰胺的生产

丙烯酰胺合成聚丙烯酰胺的反应属于自由基聚合,可以用引发剂或辐射引发。聚合反应所用引发剂主要是氧化还原体系过氧化物或偶氮化合物;辐射引发常用射线 Co^{60} 源的 γ 射线。丙烯酰胺的聚合反应可表示为：

$$n\ CH_2=CH-CONH_2 \xrightarrow{[In]} \text{---}[CH_2-CH]_n\text{---}$$
$$\qquad\qquad\qquad\qquad\qquad\qquad\quad |$$
$$\qquad\qquad\qquad\qquad\qquad\qquad CONH_2$$

工业上丙烯酰胺的自由基聚合可采用水溶液聚合法、反相乳液聚合法和悬浮聚合法，以获得各种剂型的产品。对产品的共同要求是相对分子质量可控，水易溶及残存单体少。产品质量稳定、均一及便于使用和降低成本，是当今聚丙烯酰胺生产技术发展的方向。

一、水溶液聚合法

丙烯酰胺水溶液聚合法是工业生产中采用的主要方法。配方中单体溶液须经离子交换提纯。反应介质水应为去离子水，引发剂多采用过硫酸盐与亚硫酸盐组成的氧化—还原引发剂体系，以降低反应引发温度。此外需加链转移剂，常用的为异丙醇。为了消除可能存在的金属离子的影响，必要时加入螯合剂乙二胺四乙酸(EDTA)。为了易于控制反应温度，单体浓度通常低于25%。

由于丙烯酰胺聚合反应热高达82.8 kJ/mol，聚合热必须及时导出，如果单体浓度为25%～30%，即使在10℃引发聚合，如果聚合热不导出，则溶液温度会自动上升到100℃，将生成大量不溶物。因此导热问题成为生产中的关键问题之一。

生产低相对分子质量的产品时可在釜式反应器中使用间歇操作或采用多釜串联连续生产，夹套冷却保持反应温度为20～25℃，转化率达95%～99%。生产高相对分子质量产品时，由于产品为冻胶状，不能进行搅拌，为了及时导出反应热，工业上采用在反应釜中将配方中的物料混合均匀后，立即送入聚乙烯小袋中，将装有反应物料的聚乙烯装置放在水槽中进行冷却反应。须注意的是由于空气中的氧有明显的阻聚作用，配制与加料必须在N_2中进行。使用过硫酸盐—亚硫酸盐引发剂体系时，通常引发开始温度为40℃，如果要求生产超高相对分子质量产品时，引发温度应低于20℃。

由于单体不挥发，反应后不能除去，所以未反应单体将残存于聚丙烯酰胺中，延长反应时间，提高反应温度虽可降低残余单体量，但生产能力降低而且不溶物含量会增加。为了降低残余单体量，有的工厂采用复合引发体系，由氧化—还原引发剂与水溶性偶氮引发剂组成。低温条件下由氧化—还原引发剂发挥作用，后期当反应物料温度升高后，使偶氮引发剂分解进一步发挥作用，此法生产的聚丙烯酰胺残余单体量可低至0.02%(气相色谱法测定)。水溶性偶氮引发剂为4,4′-偶氮双-4-氰基戊酸、2,2′-偶氮双-4-甲基丁腈硫酸钠及2,2′-偶氮双-2-脒基戊烷二盐酸盐等。

测定残存丙烯酰胺的方法工业上主要用溴化法，但其灵敏度较差，对于极微量单体可用火焰离子谱或高效液相色谱进行测定。

为了生产含有少量羧基的聚丙烯酰胺，可在聚合配方中加入适量碳酸钠，使少量的酰胺基团水解为羧基，减少生成不溶物。

按上述方法合成的聚丙烯酰胺为高黏度流体或凝胶状不流动物。可以直接作为商品，供应距生产工厂较近的使用单体。长途运输时，则应进行干燥，生产粉状固体。胶体物进行干燥的方法可用捏和干燥法，但此法能耗大，并且产品降解严重。生产规模较小时可采用挤出机造粒后烘房内烘干的方法，再经粉碎得粉状产品。产量大而且较先进的方法是经挤出机造粒后，送入转鼓式干燥器，干燥后粉碎得粉状商品。

例如,大庆炼化公司于"八五"期间引进法国 SNF 公司的技术与设备,建成了 5.2×10^4 t/a 水解聚丙烯酰胺的生产装置,1995 年 10 月正式投产。采用的是丙烯酰胺中浓度水溶液聚合,碳酸钠共水解工艺,用氧化还原引发体系和偶氮引发剂分段引发聚合,生产聚丙烯酰胺干粉状产品,产品的相对分子质量可达到 $(1000\sim1700)\times10^4$。该公司于"九五"期间在 SNF 技术的基础上进行技术改造,成功地开发了丙烯酰胺和丙烯酸钠共聚工艺技术,不仅提高了聚丙烯酰胺产品的相对分子质量(达到 1900×10^4 以上),而且降低了生产成本,提高了经济效益,也改善了生产环境。

中浓度、高浓度溶液聚合通常是将丙烯酰胺单体水溶液与引发剂置于反应器中进行,聚合产物是橡胶状黏性体,然后在一定压力下挤出造粒,经干燥、粉碎、过筛得到粉状产品。所得粉状产品的粒度在 20~40 目。干燥过程中要严格控制温度和时间,以免聚合物发生降解或交联,影响产品质量。粉状产品的聚合工艺流程如图 4-1 所示。

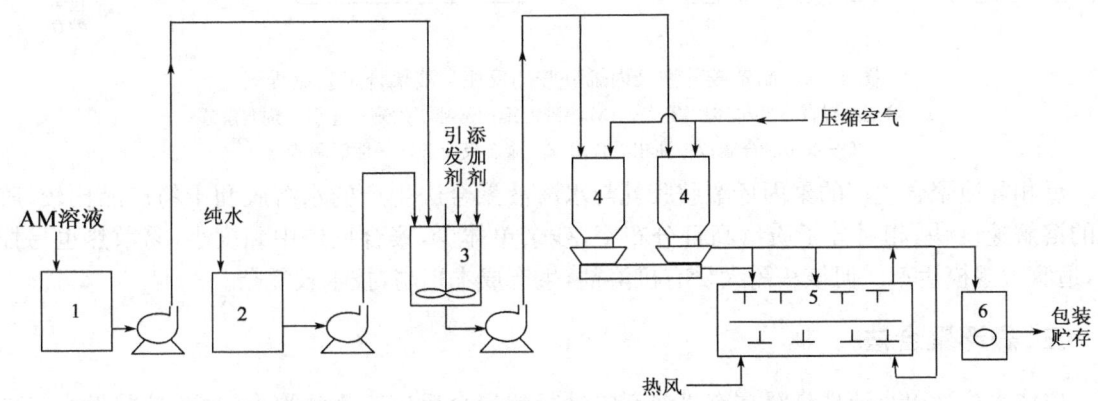

图 4-1 制备粉状聚丙烯酰胺的溶液聚合工艺流程图
1—AM 溶液储罐;2—纯水储罐;3—配料罐;4—聚合/挤出造粒装置;5—耙式干燥机;6—粉碎机

二、反相乳液聚合法

反相乳液聚合是将单体的水溶液借助油包水型乳化剂分散在油介质中,引发聚合后,所得产物是被水溶胀的聚合物微粒(100~1000nm)在油中的胶体分散体,即 W/O 型胶乳。

反相乳液聚合具有聚合速率高、产物相对分子质量高、在水中易溶等特点。因此,胶乳型产品在聚丙烯酰胺各种产品中的比重正逐年增加。

反相乳液聚合中,乳液或胶乳的稳定性对聚合及产品都是十分重要的指标,也是该方法的难点。解决此问题的关键是选择适当的乳化剂在胶乳粒子的最外层构成吸附膜,通过吸附膜的阻隔作用来防止粒子黏并,以实现乳液稳定。丙烯酰胺反相乳液聚合常选用 HLB=4~6 的乳化剂。当制备阴离子共聚物时,应选用 HLB 值稍高的乳化剂。丙烯酰胺乳液聚合常用的乳化剂为非离子型表面活性剂,如有机低分子物质或有机高分子物质,后者稳定效果最好,其中又以梳型高分子乳化剂的乳化效果最好。油介质可用脂肪烃或芳烃。反应发生在单体液滴中。随所用分散介质、乳化剂、引发剂不同,丙烯酰胺的聚合速率对各因素的依赖关系也不同。

反相乳液聚合适合于制备丙烯酰胺与其他单体的共聚物。例如丙烯酰胺、甲基丙烯酰胺与顺丁烯二酸酐共聚,以 Span-80 为乳化剂,以过硫酸钾—亚硫酸钠为引发剂,可在甲苯—水体系中进行反相乳液聚合。聚合反应在 70℃ 下进行 1h,聚合完毕后需除去残余单体,再经过滤,并在常温下加入转相剂进行胶乳性能调节,即得到胶乳产品。转相剂多用 HLB 值较高的非离子活性剂。通过适当的脱水和脱油工序,胶乳产品的固含量可达到 50% 左右。反相乳液聚合生产聚丙烯酰胺的工艺流程图如图 4-2 所示。

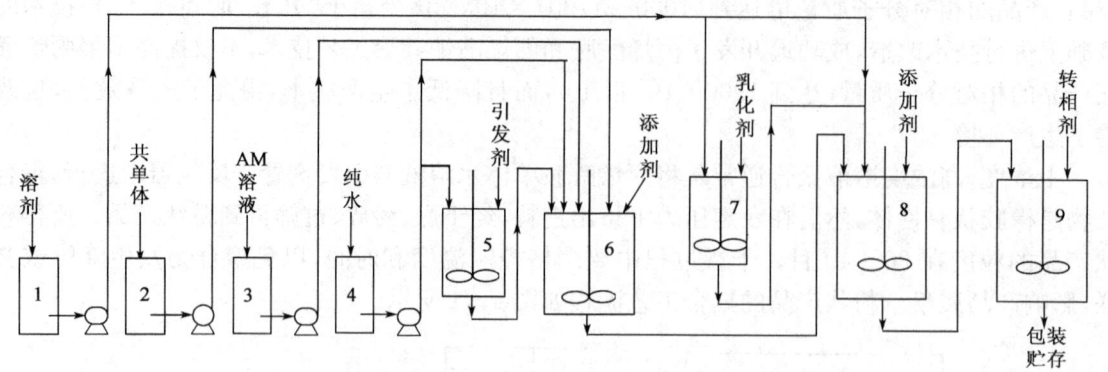

图 4-2 制备胶乳型聚丙烯酰胺的反相乳液聚合工艺流程图
1—溶剂贮罐;2—共单体贮罐;3—AM 溶液贮罐;4—纯水贮罐;5—引发剂溶解罐;
6—水相混合罐;7—油相混合罐;8—聚合反应釜;9—性能调节釜

反相乳液聚合生产的聚丙烯酰胺胶乳与水溶液聚合法生产的水溶胶和干粉产品比较,胶乳的溶解速度快,相对分子质量高且分布窄,残余单体少,聚合反应中黏度小,易散热也易控制,适宜大规模生产。但该法需大量有机溶剂,生产成本稍高,技术较复杂。

三、悬浮聚合法

单体水溶液以小液珠悬浮在有机溶剂中进行的聚合反应叫悬浮聚合,也叫珠状聚合。悬浮聚合体主要由单体、引发剂、有机溶剂和悬浮剂组成。引发剂溶解于单体水溶液中。分散剂又称悬浮剂,它的作用是使单体水溶液在搅拌作用下分散成小液珠悬浮在有机溶剂中,以防止聚合的粒子在聚合过程中互相黏结。产品粒径一般为 $100\sim2000\mu m$。

与乳液聚合不同的是,单体溶液的分散度较低,一般是以珠状粒子悬浮在有机相中。因此,采用的有机载体是大比重的溶剂如二甲苯、甲氯乙烯等。分散剂一般不用活性高的乳化剂;搅拌强度也较乳液聚合时小;悬浮聚合得到的产品呈颗粒状,使用方便。

在悬浮聚合液中,AM 水溶液在 Span60、无机氨化物、$C_{12}\sim C_{18}$ 脂肪酸钠或乙酸丁酸纤维等悬浮剂(分散稳定剂)存在下,在汽油、二甲苯、甲氯乙烯中形成稳定的悬浮液,引发聚合。悬浮聚合结束后,经共沸脱水、分离、干燥,得到珠状或粉状产品。聚合过程中添加无机盐 NaCl、$NaNO_3$ 或 Na_2CO_3 可调节体系的表面张力,增加悬浮稳定性,而对聚合过程影响不大。但加入少量一元、二元或多元羧酸盐,则通常可使产物相对分子质量增大,聚合速率下降。

第五章 油气集输用化学剂

原油从地下采出到地面后,在输送过程中仍然存在许多问题。如原油中含的水分必须脱除,否则不仅影响后加工,也会增大输送负荷,但由于原油中含有的一部分水是以乳液形式存在于油中,单靠沉降方法难以脱出;由于温度降低,原油中含的蜡大量析出,直接影响到原油的流动性。因此,要保证原油的正常输送,通常要使用一些化学剂对采出的原油进行处理,其中较重要的是原油流动改进剂和原油破乳剂。

第一节 原油流动改进剂

我国各主要油田生产的原油,都具有含蜡量高、黏度大、凝点高的特点。表 5-1 给出了我国主要油田原油的凝点和含蜡量。这样的原油一经采出地面,即使在炎热的夏天,也会失去流动性,因此原油的长距离输送一直采用逐站加热工艺。这种输油方法流程复杂、设备多、基建投资和能量消耗大,因此人们一直致力于寻找一种较简便的原油长输方法,力求常温输送。在原油输送过程中,加入原油流动改进剂可以降低原油的黏度和凝点。

表 5-1 我国主要油田原油的凝点和含蜡量

油田	大庆	胜利	中原	华北	辽河	河南
凝点,℃	30	28	32.5	36.5	49	51
含蜡量,%	35.7	16.3	22.1	28.5	55.3	41.1

多年来,在高凝油和高黏油的输送过程中,为保持其流动性,常常采用逐站加热、稀释输送或乳化输送的工艺,这些工艺方法是目前原油输送的有效措施。逐站加热方法不仅消耗大量的能源,而且设备复杂、投资大;稀释输送是向高凝油或高黏油中掺入低含蜡轻质油或炼厂馏分油,该方法一方面受到稀释油来源的限制,另一方面输送成本也较高;乳化输送则给原油脱水和污水处理带来许多困难。因此,这些方法的应用受到一定的限制。

通过向原油中添加化学剂改进原油的流动性,实现常温输送,一直是油田化学研究人员的重要研究课题。化学添加剂是通过降低原油凝点、降低其黏度或减少其流动阻力来改进原油的流动性的。使用化学添加剂操作简便,输送成本低,又不给后处理带来困难,而且还能改善原油的某些物性,是一种具有发展前景的原油长输技术。

能通过降凝、减阻和(或)降黏等作用改进原油流动性能的化学剂称为原油流动改进剂。它包括原油降凝剂和原油减阻剂。

一、原油降凝剂

目前国内外各油田应用的原油降凝剂,主要是具有下列结构的梳形聚合物。

(1)乙烯—羧酸乙烯酯共聚物,其分子结构式为:

$$\mathrm{\{CH_2-CH_2\}_n\{CH_2-CH\}_m}$$
$$|$$
$$\mathrm{O}$$
$$|$$
$$\mathrm{R-C}$$
$$\|$$
$$\mathrm{O}$$

(2)乙烯—丙烯酸酯共聚物,其分子结构式为:

$$\mathrm{\{CH_2-CH_2\}_n\{CH_2-CH\}_m}$$
$$|$$
$$\mathrm{C-OR}$$
$$\|$$
$$\mathrm{O}$$

(3)丙烯酸酯—甲基丙烯酸酯共聚物,其分子结构式为:

$$\mathrm{\{CH_2-CH_2\}_n\{CH_2-\underset{\underset{COOR}{|}}{\overset{\overset{CH_3}{|}}{C}}\}_m}$$
$$|\quad\quad\quad$$
$$\mathrm{COOR}$$

(4)聚甲基丙烯酸酯,其分子结构式为:

$$\mathrm{\{CH_2-\underset{\underset{COOR}{|}}{\overset{\overset{CH_3}{|}}{C}}\}_n}$$

(5)乙烯—马来酸酯共聚物,其分子结构式为:

$$\mathrm{\{CH_2-CH_2\}_n\{CH-CH\}_m}$$
$$|\quad\;\;|$$
$$\mathrm{COOR\;COOR}$$

(6)苯乙烯—马来酸酯共聚物,其分子结构式为:

$$\mathrm{\{CH_2-CH\}_n\{CH-CH\}_m}$$
$$|\quad\quad\;\;|\quad\;\;|$$
$$\mathrm{C_6H_5\;\;COOR\;COOR}$$

(7)乙烯—醋酸乙烯酯—顺酐共聚物,其分子结构式为:

$$\mathrm{\{CH_2-CH_2\}_n\{CH_2-CH\}_m\{CH-CH\}_p}$$
$$|\qquad\quad|\quad\;\;|$$
$$\mathrm{O\qquad\;CO\;\;CO}$$
$$|\qquad\quad\;\;\backslash\;\;/$$
$$\mathrm{CH_3-C\qquad\;O}$$
$$\|$$
$$\mathrm{O}$$

(8)α烯—苯乙烯酯共聚物,其分子结构式为:

$$\mathrm{\{CH_2-CH\}_n\{CH_2-CH\}_m}$$
$$|\qquad\quad\;\;|$$
$$\mathrm{R\qquad\quad\;\;C_6H_5}$$

(9)聚酰基苯乙烯,其分子结构式为:

$$\{CH_2-CH\}_n$$

（对位取代苯环，取代基为 RCO）

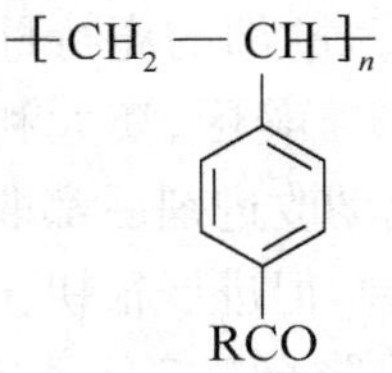

二、原油减阻剂

减阻剂一般为相对分子质量不小于 10^6 的油溶性聚合物,需要具有优良的溶解性、抗剪切性、抗氧化性等。通常相对分子质量越大,抗剪切性越差,而分子中含有短侧链,则抗剪切性增强,但侧链不宜过长过多,这使得分子的柔顺性变差,减阻性降低。目前国内外使用的减阻剂有下面 6 种。

(1)聚异丁烯,其分子结构式为:

$$\{CH_2-CH\}_n \quad (\text{侧链为两个}CH_3)$$

(2)聚甲基丙烯酸酯,其分子结构式为:

$$\{CH_2-CH\}_n \quad (\text{侧链为}CH_3\text{和}COOR)$$

(3)聚环戊烯,其分子结构式为:

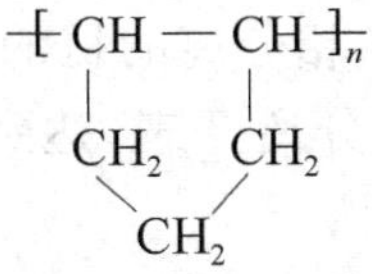

$$\{CH-CH\}_n \quad (\text{与}CH_2-CH_2-CH_2\text{成环})$$

(4)聚苯乙烯,其分子结构式为:

$$\{CH_2-CH\}_n \quad (\text{侧链为苯环})$$

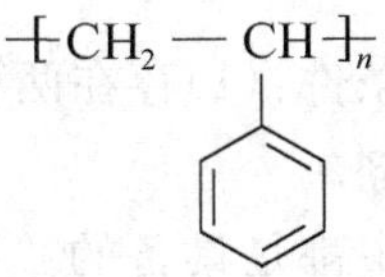

(5)聚 α 烯,其分子结构式为:

$$\{CH_2-CH\}_n \quad (\text{侧链为}R)$$

(6)乙烯—丙烯共聚物,其分子结构式为:

$$\{CH_2-CH_2\}_n\{CH_2-CH\}_m \quad (\text{后段侧链为}CH_3)$$

原油流动改进剂在国内外许多油田应用获得成功。如西非的扎伊尔原油中加入流动改进剂 50mg/L 后,原油凝点降低了 15.5℃;欧洲的鹿特丹—莱因管线输送利比亚原油,加入流动改进剂后,原油倾点从 21℃降至－14℃。美国、澳大利亚、英国、墨西哥、中东、东南亚的陆地和海底原油及成品油输送管线,使用流动改进剂后都取得了较好的效果。

我国油田对流动改进剂的研究较晚,但进展很快。例如中原油田添加 100mg/L 的流动改进剂聚丙烯酸酯后,原油的凝点从 30℃降至 7.5℃,黏度降低 97.5%;胜利油田加入 100mg/L 聚丙烯酸酯类流动改进剂后,原油凝点从 30.5℃降至 10.5℃,黏度降低 93.5%;长庆油田于 1988 年 12 月开始使用美国埃克森公司的流动改进剂,效果十分显著,使马惠宁输油管线成为全国第一条实现全年常温输送的管线。

使用原油流动改进剂实现常温输送是目前原油长输工艺的发展趋势。但值得注意的是,由于各油田原油的性质不同,一种流动改进剂不可能对每一种原油都有效,必须通过试验来筛选适用的药剂。此外,流动改进剂只有在原油开始析蜡时才发挥作用,因此加药温度应是原油中蜡全部溶解时的温度,即加药温度应高于析蜡温度。还应该注意的是,流动改进剂中不应含有对石油加工和产品性能有害的物质。

第二节　原油破乳剂

对于大多数油田来说,无水采油期都很短,尤其是对早期高压注水的油田,油井早期见水,到开发后期,原油含水可高达 90% 以上。在含水期采出的原油和水混合在一起,一部分水呈游离状态,采出地面后经沉降即可分出;另一部分水则以液珠形式分散在原油中,形成 W/O 型乳状液,即所谓乳化原油或原油乳状液。乳化原油中的水单靠沉降或其他物理的方法不能将其分离,通常要加入破乳剂使其破乳脱水。破乳剂是一种表面活性物质,它能使乳化状的液体结构破坏,以达到乳化液中各相分离的目的。原油破乳是指利用破乳剂的化学作用将乳化状的油水混合液中的油和水分离开来,达到原油脱水的目的,以保证原油外输含水标准。

一、乳化原油的形成

任何乳状液的形成必须具备三个条件:(1)存在两种互不相溶且相互接触的液体;(2)具备合适的搅拌条件;(3)体系中存在乳化剂。

上述的三个条件在原油开采过程中都是具备的。一般情况下,油井中采出的流体中同时含有油和水,并且开采时间越长,采出液中含水量越高。采出流体在从地层中经油管流向地面至联合站的过程中,原油和水要流经井筒、油嘴、弯头、阀门、管道及机泵,受到剧烈的机械剪切作用而充分接触、混合,尤其是在油田伴生气的参与下,其混合更加激烈。原油中的含氧化合物、含硫化合物、含氮化合物、胶质、沥青质、环烷酸等极性物质均具有较强的表面活性和乳化能力,是原油中的天然高性能乳化剂,使得原油和水在流动过程中形成具有一定稳定性的乳化原油。原油和水形成的乳状液随着二者的比例变化可形成 W/O 型、O/W 型或多重乳状液。此外,随着提高采收率技术的发展,聚合物驱、表面活性剂驱、碱驱、三元复合驱、稠油乳化开采等技术广泛应用,使得乳化原油更为稳定。

二、乳化原油破乳脱水方法

油田含水原油主要以 W/O 型乳状液形式存在，这种乳状液所具有的稳定性严重影响着原油与水的自然分离。因此，多年来人们在原油脱水方法与原理方面的研究，一直针对破坏 W/O 型乳状液这个关键问题而进行。

当采用一定的方法使原油与水构成的乳状液破坏后，水珠可以在相互接触中合并长大并依靠与原油的密度差自然地从原油中沉降分离出来。这种破乳、合并过程通常又称为"聚结"。聚结与沉降分离构成了乳化原油的脱水过程。

目前已采用的乳化原油破乳脱水方法有如下几种。

1. 沉降分离

沉降分离是原油脱水最简单、最基础的工艺过程。任何一种脱水工艺都包含有沉降分离过程。原油脱水所有工艺条件的制定，都以有利于沉降分离的加速进行为标准。

沉降分离的依据是：原油与水互不相溶且存在密度差，原油乳状液是热力学不稳定体系，有最终沉降分离的趋势，经物理的或化学的破乳处理后的乳化原油稳定性变差，从而使水珠聚结沉降。

2. 化学破乳

用化学破乳剂对乳化原油进行破乳脱水是普遍采用的一种方法。该方法可单独使用，也可与其他方法联合使用。当联合使用时，会得到更好的破乳脱水效果。该方法是向原油中添加一定量的化学破乳剂，经搅拌、混合后使其到达原油乳状液的油水界面上，降低吸附膜的强度，破坏乳化状态，破乳后的水珠相互聚结并沉降分离。

3. 电破乳

电破乳包括交流电、直流电、交—直流电、脉冲供电、高频供电等，利用电场力破坏原油乳状液，使水珠相互聚结长大，自原油中分出。

在交流电场或高频电场中，乳化原油中的水珠发生振荡聚结和偶极聚结；在直流电场中，除发生偶极聚结外，电泳聚结占主导作用；在交—直流二重电场中，上述几种形式的聚结都存在；脉冲供电是向电极间断供电，除促使振荡聚结和偶极聚结外，目的在于避免电场中电流的大幅度增加，以利于平稳操作和节约电能。

4. 加热破乳

加热一方面可降低原油的黏度，使液滴易于碰撞聚结；另一方面还增加了液滴的平均动能，使其热运动速度增加，碰撞机会增多，容易聚结合并。此外，加热也加快合并后液滴的沉降速度。加热温度一般在 50～70℃。

5. 润湿聚结

润湿聚结是利用高比表面材料对油与水的亲和力的悬殊差异，使原油中的油和水珠在其表面上聚结，并沉降分离。通常是采用一种非常容易为水所润湿的固体材料，先让其表面为水所充分润湿，然后将其与乳化原油接触，利用极性相近原理，使原油中的水珠，有时是经过破乳剂处理后蹬水珠，与固体材料表面的水膜接触，让其溶解于水膜中，达到油水分离的目的。这样的固体材料有木刨花、玉米秆、高粱秆、陶瓷球和玻璃球等。

一般原油脱水的工业生产装置是联合上述各方法中的几种,综合使用,以便形成较完善的工艺过程,使原油脱水生产过程效率高、净化油质量好、生产成本低、经济效益高。

三、原油破乳剂的类型

原油破乳剂是油田中使用较早且效果显著的一类油田化学剂。最初人们只用最简单的沉降法脱水,效果很难达到要求。20世纪30年代开始,采用脂肪酸皂、土耳其红油、磺酸盐等表面活性剂破乳,效果也不甚理想。20世纪40年代以来开发了以含活泼氢化合物(如有机醇、酸、酚、胺等)为起始剂的聚氧乙烯型非离子表面活性剂,并用它们作原油破乳剂,取得了较好的效果。在此基础上,人们开发了以多官能团含活泼氢化合物为起始剂,与环氧乙烷和环氧丙烷聚合而成的高相对分子质量的聚醚型破乳剂。这类破乳剂是以含活泼氢化合物为起始剂,在催化剂存在下与环氧乙烷和环氧丙烷聚合而成,在结构上是一种聚醚化合物,其相对分子质量在 1000~10000 之间。它们具有较高的活性和较好的脱水效果,目前国内外各油田都使用这种破乳剂。随着人们对破乳剂研究的深入,又开发了超高相对分子质量破乳剂,这类破乳剂也是以环氧乙烷和环氧丙烷为原料合成的聚醚型化合物。所不同的是,由于采用了交联剂,而使相对分子质量达到 $(5\sim500)\times10^4$,其中以相对分子质量 $(30\sim300)\times10^4$ 的聚合物破乳效果最好。这类破乳剂具有破乳温度低、出水率高、出水速度快等优点。但由于其相对分子质量大,在油中的溶解度较差且完全不溶于水,使其应用受到限制。

目前国内外普遍使用的原油破乳剂从结构上看多为聚醚型破乳剂,只是起始剂有所差别。

1. 醇类化合物为起始剂的破乳剂

这类破乳剂是以一元醇、二元醇或多元醇为起始剂,在碱性催化剂作用下,与环氧乙烷和环氧丙烷聚合而成。其结构上有氧丙烯基、氧乙烯基两段聚合,也有氧丙烯基、氧乙烯基、氧丙烯基三段聚合的聚醚结构,通常也称为嵌段聚醚,主要有如下4种类型。

(1)以十八醇为起始剂的 SP 型破乳剂,其分子式为:

$$C_{18}H_{37}-O+C_3H_6O \}_m + C_2H_4O \}_n + C_3H_6O \}_p H$$

(2)以丙二醇为起始剂的 BE 型破乳剂,其分子式为:

$$\begin{array}{l} CH_3-CH-O+C_3H_6O\}_{m_1}+C_2H_4O\}_{n_1}H \\ \qquad\quad | \\ \quad CH_2-O+C_3H_6O\}_{m_2}+C_2H_4O\}_{n_2}H \end{array}$$

(3)以丙二醇为起始剂的 BP 型破乳剂,其分子式为:

$$\begin{array}{l} CH_3-CH-O+C_3H_6O\}_{m_1}+C_2H_4O\}_{n_1}+C_3H_6O\}_{p_1}H \\ \qquad\quad | \\ \quad CH_2-O+C_3H_6O\}_{m_2}+C_2H_4O\}_{n_2}+C_3H_6O\}_{p_2}H \end{array}$$

(4)以丙三醇为起始剂的 GP 型破乳剂,其分子式为:

$$\begin{array}{l} CH_2-O+C_3H_6O\}_{m_1}+C_2H_4O\}_{n_1}+C_3H_6O\}_{p_1}H \\ \quad | \\ CH\ -O+C_3H_6O\}_{m_2}+C_2H_4O\}_{n_2}+C_3H_6O\}_{p_2}H \\ \quad | \\ CH_2-O+C_3H_6O\}_{m_3}+C_2H_4O\}_{n_3}+C_3H_6O\}_{p_3}H \end{array}$$

BE 型和 BP 型破乳剂经适当的扩链反应,可生成下列类型的破乳剂:
(1)BE 类聚醚二元酸聚酯,其分子式为:

$$CH_3-CH-O \mhyphen C_3H_6O \mhyphen_m \mhyphen C_2H_4O \mhyphen_{n_1} OCRCO \mhyphen_x$$
$$\mhyphen OH_4C_2 \mhyphen_{n_2} \mhyphen OH_6C_3 \mhyphen_{m_2} O-CH_2$$

(2)BP 类聚醚二异腈酸酯扩链产物,其分子式为:

$$\begin{array}{c} O\ H\quad\quad N\ O \\ \parallel\ |\quad\quad \|\ \| \\ C-N-R-N-C\mhyphen_x \end{array}$$
$$C \mhyphen C_3H_6O \mhyphen_{m_1} \mhyphen C_2H_4O \mhyphen_{n_1} \mhyphen C_3H_6O \mhyphen_{p_1}$$
$$CH_3-CH$$
$$\mhyphen OH_6C_3 \mhyphen_{l_2} \mhyphen OH_4C_2 \mhyphen_{n_2} \mhyphen OH_6C_3 \mhyphen_{m_2} O-CH_2$$

(3)BE 类聚醚松香酸酯,其结构式为:

$$CH_3-CH-O\mhyphen C_3H_6O\mhyphen_{m_1}\mhyphen C_2H_4O\mhyphen_{n_1} H$$
$$CH_2-O\mhyphen C_3H_6O\mhyphen_{m_2}\mhyphen C_2H_4O\mhyphen_{n_2} CO-\text{(松香基)}$$

烷基磷酸酯聚醚类破乳剂和硼酸酯聚醚类破乳剂是近年来新开发的破乳剂。
(1)烷基磷酸酯聚醚类破乳剂的分子结构为:

$$\begin{array}{c} R-O\quad O\mhyphen C_3H_6O\mhyphen_m\mhyphen C_2H_4O\mhyphen_n H \\ \diagdown\ \diagup \\ P \\ \diagup\ \diagdown \\ O\quad O\mhyphen C_3H_6O\mhyphen_m\mhyphen C_2H_4O\mhyphen_n \end{array}$$

(2)硼酸酯聚醚类破乳剂的分子结构为:

$$HO\mhyphen C_2H_4O\mhyphen_n\mhyphen C_3H_6O\mhyphen_m B-O_x$$
$$\quad\quad\quad\quad\quad\quad\quad | $$
$$\quad\quad\quad\quad\quad O\mhyphen C_3H_6O\mhyphen_m\mhyphen C_2H_4O\mhyphen_n H$$

2. 多乙烯多胺为起始剂的破乳剂

这类破乳剂的起始剂为多乙烯多胺,使用较多的是 AE 型和 AP 型两类,其中 AE 型是两段嵌段聚醚,AP 型是三段嵌段聚醚。人们对它们的结构和破乳性能进行了大量研究,总结出的规律为:在低温条件下分子中的氧乙烯段和部分氧丙烯段伸入水相,而大部分氧丙烯链段以多点式在油水界面上发生吸附。破乳剂分子中氧乙烯基含量越高,则伸入水中的部分越多,氧丙烯基含量越高,则分子在界面上的吸附点越多,因而破乳剂分子在油水界面上占据的面积越大。温度升高会影响分子在油水界面上的吸附状态及所占的面积,分子在界面上所占的面积越大,破乳效果越好。现举两例,结构式分别如下:

$$\begin{array}{l}
\text{CH}_3\text{CH}_2-\text{N} \begin{array}{l}[\text{C}_3\text{H}_6\text{O}]_m[\text{C}_2\text{H}_4\text{O}]_n\text{H}\\ [\text{C}_3\text{H}_6\text{O}]_m[\text{C}_2\text{H}_4\text{O}]_n\text{H}\end{array}\\
[-\text{N}-\text{CH}_2\text{CH}_2-]_x\text{N}\begin{array}{l}[\text{C}_3\text{H}_6\text{O}]_m[\text{C}_2\text{H}_4\text{O}]_n\text{H}\\ [\text{C}_3\text{H}_6\text{O}]_m[\text{C}_2\text{H}_4\text{O}]_n\text{H}\end{array}\\
[\text{C}_3\text{H}_6\text{O}]_m[\text{C}_2\text{H}_4\text{O}]_n\text{H}
\end{array}$$

以多乙烯多胺为起始剂的 AE 型破乳剂（$x \leqslant 4$）

$$\begin{array}{l}
\text{CH}_2\text{CH}_2-\text{N}\begin{array}{l}[\text{C}_3\text{H}_6\text{O}]_m[\text{C}_2\text{H}_4\text{O}]_n[\text{C}_3\text{H}_6\text{O}]_p\text{H}\\ [\text{C}_3\text{H}_6\text{O}]_m[\text{C}_2\text{H}_4\text{O}]_n[\text{C}_3\text{H}_6\text{O}]_p\text{H}\end{array}\\
[-\text{N}-\text{CH}_2\text{CH}_2-]_x\text{N}\begin{array}{l}[\text{C}_3\text{H}_6\text{O}]_m[\text{C}_2\text{H}_4\text{O}]_n[\text{C}_3\text{H}_6\text{O}]_p\text{H}\\ [\text{C}_3\text{H}_6\text{O}]_m[\text{C}_2\text{H}_4\text{O}]_n[\text{C}_3\text{H}_6\text{O}]_p\text{H}\end{array}\\
[\text{C}_3\text{H}_6\text{O}]_m[\text{C}_2\text{H}_4\text{O}]_n[\text{C}_3\text{H}_6\text{O}]_p\text{H}
\end{array}$$

以多乙烯多胺为起始剂的 AP 型破乳剂（$x \leqslant 4$）

3. 酚醛树脂类破乳剂

烷基苯酚甲醛树脂与环氧乙烷和环氧丙烷通过共聚生成的嵌段聚醚也是一类破乳剂。所用的烷基酚主要有丁基酚、壬基酚和十二烷基酚，也有两段嵌段聚醚和三段嵌段聚醚之分，其结构式为：

（结构式：烷基苯酚甲醛树脂聚氧乙烯聚氧丙烯醚，含两段或三段嵌段结构，取代基 R）

4. 酚胺树脂类破乳剂

目前大多数破乳剂的相对分子质量在 $10^3 \sim 10^4$ 范围内，研究发现，随相对分子质量增加和支化程度增加，破乳剂脱水速度加快，脱出水含油量减少。如聚氧乙烯聚氧丙烯酚胺树脂就是相对分子质量较高、支化程度增加的一类破乳剂，其相对分子质量为 $5 \times 10^4 \sim 5 \times 10^6$，其结构式为：

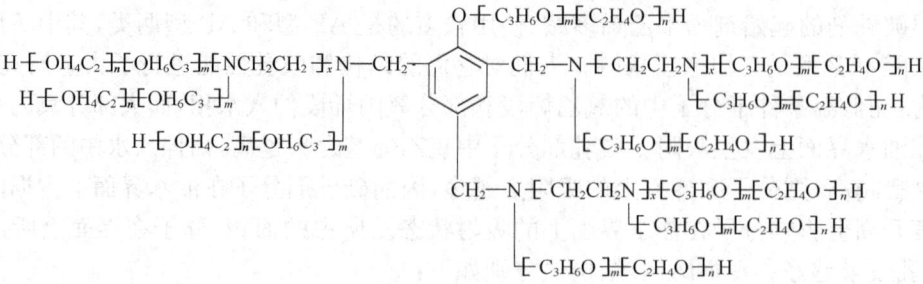

5. 新型破乳剂

一些研究人员认为,随着原油含水量增加和采出液组成复杂性(尤其是三次采油的采出液)的增加,使得目前的破乳剂效果不理想的主要原因是破乳剂结构的单一性(聚醚结构)。要使破乳剂的破乳效果有所突破,应在破乳剂的结构上有所突破,如下列破乳剂突破了聚醚的结构。

$$\begin{array}{c} CH_3 \hspace{3cm} CH_3 \\ \vert \hspace{3.5cm} \vert \\ +CH_2-C+_m+CH_2-CH+_n+CH_2-CH+_p+CH_2-C+_q \\ \vert \hspace{2cm} \vert \hspace{2cm} \vert \hspace{2cm} \vert \\ COOCH_3 \hspace{0.5cm} COOC_4H_9 \hspace{0.5cm} COOCH \hspace{1cm} COOH \\ \hspace{4cm} \Vert \\ \hspace{4cm} O+CH_2-C-O+_nH \end{array}$$

(带有苯环结构,苯环上有$-CH_2-$_x_和R取代基,苯环上的O连接到上面的COOCH基团)

6. O/W型乳化原油破乳剂

随着油田开发进入中晚期,三次采油技术的应用,注入的磺酸盐表面活性剂以及注入的碱与石油环烷酸生成的皂类物质,都是稳定O/W乳状液的乳化剂。因此,O/W型乳化原油破乳剂应运而生。应用较多的是表面活性剂和聚合物。

(1)阴离子和阳离子表面活性剂,现举几例,结构式分别如下:

$$HN\begin{cases} +CH_2+_6NH-CSSNa \\ +CH_2+_6NH-CSSNa \end{cases}$$

$$[C_{14}H_{29}-N(CH_3)_3]^+Cl^-$$

$$CH_3-CH_2-C\begin{cases} CH_2+OC_3H_6+_nNH-CSSNa \\ CH_2+OC_3H_6+_nNH-CSSNa \\ CH_2+OC_3H_6+_nNH-CSSNa \end{cases}$$

(2)阴离子和阳离子聚合物,现举两例,结构式分别如下:

$$+CH_2-CH+_n$$
(苯环对位—ONa)

$$+CH_2-CH-O+_n$$
$$\hspace{1cm} \vert$$
$$\hspace{1cm} CH_2$$
$$\hspace{1cm} \vert$$
$$CH_3-N^+-CH_3 \hspace{0.3cm} Cl^-$$
$$\hspace{1cm} \vert$$
$$\hspace{1cm} CH_3$$

(3)非离子聚合物,现举两例,结构式分别如下:

$$\begin{array}{c} CH_3 \\ \vert \\ +CH_2-C+_n \\ \vert \\ COO-CH_2-CH \\ \hspace{2.2cm} \diagdown \\ \hspace{1.8cm} CH_2NH_2 \\ \hspace{1.8cm} CH_2NH_2 \end{array}$$

$$+CH_2-CH_2-O+_n$$

第三节　聚氧乙烯型表面活性剂的生产

一、脂肪醇聚氧乙烯醚

脂肪醇聚氧乙烯醚(醇醚)的通式为：

$$R—O\!\!-\!\!(CH_2CH_2O)_n\!\!-\!\!H$$

制备时,将氢氧化钠(用量为脂肪醇的0.1%～0.5%)配成50%左右的水溶液加入醇中,在真空下脱水,在135～140℃、0.1～0.2MPa下进行反应。环氧乙烷的加入量由所需醇醚产品的性质决定。

脱水操作必须严格控制,水的存在会导致副产物聚乙二醇,它的含量增大会降低产品的表面活性,商品醇醚中一般含2.5%的聚乙二醇。反应为放热反应,每摩尔环氧乙烷放热量约为92kJ,因此反应温度应注意控制,温度过高会使产品色泽加深,但在反应激发阶段,温度可以略高。

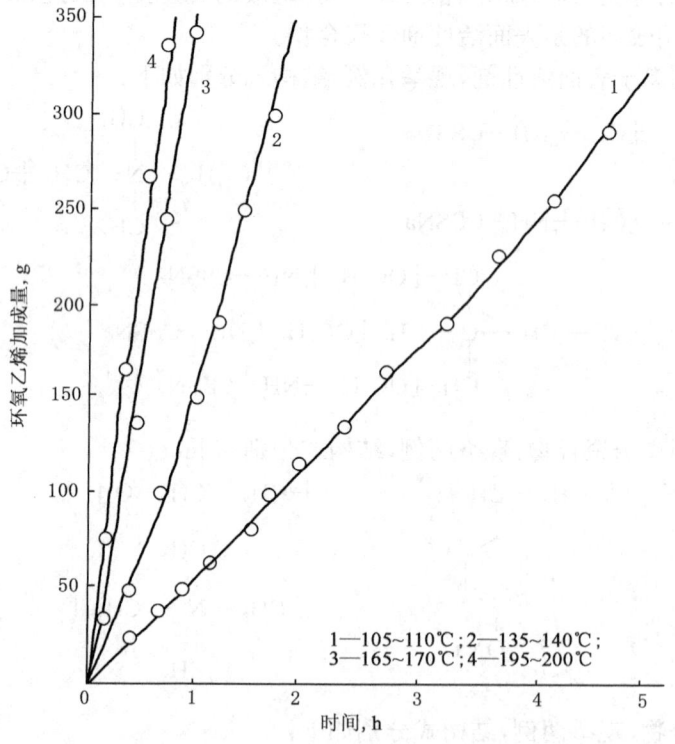

图5-1　温度对聚氧乙烯化速度的影响

脂肪醇聚氧乙烯醚的物理形态随氧乙烯基数量(n值)不同,在液态到蜡状固体之间变化。随氧乙烯基数量增加,其黏度增加,相对密度从低于1.0增至1.2以上,溶解性从油溶过渡到水溶。表5-2所示为一些醇醚的浊点,表5-3所示为常见的商品醇醚。

表 5-2 脂肪醇聚氧乙烯醚的浊点　　　　　　　　　　　单位：℃

n值	十二醇聚氧乙烯醚-n		十八醇聚氧乙烯醚-n	
	蒸馏水中,℃	10%CaCl$_2$中,℃	蒸馏水中,℃	10%CaCl$_2$中,℃
7	44		—	
10	73.5		55	
15	>100	76	79	61
20		83	>100	80
25		88		80
30		90		90

表 5-3 主要的商品脂肪醇聚氧乙烯醚

商品名	HLB值	脂肪醇碳原子数	n值	用途
乳化剂 FO		12	2	乳化剂
乳化剂 MOA	5		4	液体洗涤剂、合纤油剂
净洗剂 FAE			8	印染渗透剂
渗透剂 FJC	12	7～9	5	渗透剂
乳百灵 A	13			矿物油乳化剂
平平加 OS-15	14.5			匀染剂
平平加 O-20	16.5	12		乳化剂
平平加 O		12～16	15～22	匀染剂、乳化剂
匀染剂 102			25～30	匀染剂、石油乳化剂

　　脂肪醇聚氧乙烯醚在油田中可作为酸化液的缓蚀剂和缓速剂及油井激产的乳化剂,也可用作提高采收率的驱油剂。可用于上述用途的醇醚类活性剂有 JFC、FAE、平平加 OS-15、平平加 O-20、平平加 A-20、平平加 SA-20 等。

　　脂肪醇聚氧乙烯醚还可用于配制民用和工业用洗涤剂,此外可作为乳化剂、起泡剂和润湿剂使用。例如俗称"平平加"的椰子油后馏分与 25～30mol 环氧乙烷加成物具有很好的润湿性,在印染工业中作为匀染剂使用,对矿物油和动、植物油均有良好的乳化、分散作用。椰子油前馏分的低摩尔环氧乙烷加成物 MOA-3 和 MOA-4 是很好的油溶性乳化剂,在合纤油中广泛应用。

二、烷基酚聚氧乙烯醚

烷基酚聚氧乙烯醚(酚醚)的通式为:

$$R-\text{\char"0028}\text{\char"0029}-O-(CH_2CH_2O)_n H$$

　　烷基酚与环氧乙烷的反应条件类似于醇醚的合成。反应温度为 140～200℃,反应压力为 0.15～0.3MPa,催化剂可用氢氧化钠或氢氧化钾,用量为烷基酚质量的 0.1%～0.5%。反应后可用酸中和催化剂,用活性炭脱色。

　　商品烷基酚聚氧乙烯醚主要有辛基酚醚、壬基酚醚和十二烷基酚醚。根据氧乙烯基数量的不同,它们具有润湿性、渗透性、乳化性和去污性等优良性能。表 5-4 列出了主要的酚醚商品。

n 值在 15 以上时,产品室温下为固体;氧乙烯基摩尔数在 10 以下时,为淡黄色黏稠体。n 值在 7 以上的产品具有良好的水溶性,n 值在 6 以下时,在水中分散,但不能全部溶解。

表 5-4 烷基酚聚氧乙烯醚主要品种

商品名	HLB 值	n 值	用途
乳化剂 OP-4	8.8	4	乳化剂
乳化剂 OP-7	11.7	4	乳化剂
匀染剂 OP-9		9	匀染剂、乳化剂
乳化剂 OP-10	13.3	10	匀染剂、乳化剂
匀染剂 OP-12		12	匀染剂、乳化剂
乳化剂 OP-15	15	15	匀染剂、乳化剂
匀染剂 OP-20		20	匀染剂、乳化剂
匀染剂 OP-30		30	匀染剂、乳化剂

酚醚型表面活性剂在氧乙烯基含量占 50% 时,降低表面张力的能力最大,随氧乙烯基含量的增加,降低表面张力的能力逐渐减弱。氧乙烯基含量在 75% 时,产品起泡性最好。浊点为 50～70℃ 的产品润湿性最佳。

酚醚活性剂对酸、碱及氧化剂都较稳定,在油田中可用于钻井液,提高钻速,而且有抑制黏土膨胀的作用。作为驱油剂,酚醚产品曾得到大量研究和应用。酚醚产品还可作为防蜡剂和缓速剂在油田中应用。此外,酚醚产品还广泛地用作纺织助剂及工业和民用洗涤剂。

第六章 水处理用化学剂

在我国，各油田基本都采用早期高压注水开发方案，经过一段时间注水后，注入水将随原油一起被采出。随着开发时间的延长，采出液含水率也不断上升。油田原油在外输或外运时要求必须将水脱出，合格原油允许含水率在0.5%以下，出口外运原油的含水率要求在0.3%以下。脱出的水中主要污染物为原油。由于污水是在油田开发过程中产生的，故称为油田含油污水，简称污水。

油田开发过程中产生的大量污水，若将其任意排放，不仅浪费了水资源，而且会对环境造成严重污染，最好的方式是将其重新注入地下循环使用。但是，这些污水经由地下并与原油接触，常含有硫化氢、二氧化碳、氧气、细菌、机械杂质等，从而引起管线和设备的腐蚀、结垢、地层堵塞等问题，严重影响油田正常生产。因此，必须对其进行处理，使之达到注水水质的要求（表6-1）并回注到地层中。通常使用化学剂来处理污水，使其符合回注水质标准。使用量较大的化学剂有缓蚀剂、防垢剂、杀菌剂和净化剂。

表6-1 注入水质的行业标准和部分油田标准

指标	《碎屑岩油藏注水水质指标及分析方法》(SY/T 5329—2012)	胜利油田	华北油田	大庆长垣	大庆外围
含油量 mg/L	≤0.5(K≤0.1) ≤10.0(K>0.1)	5~20	≤30	≤20	≤10
总铁，mg/L	<0.5	≤0.5	≤0.5	≤0.5	≤0.5
悬浮固体 mg/L	≤1.0(K≤0.1) ≤3.0(K=0.1~0.6) ≤0.5(K>0.6)	≤2.0 (K≤0.2) ≤4.0 (K>0.2)	≤2.0 (K≤0.2) ≤4.0 (K>0.2)	≤0.2 (地下水) ≤0.5 (地面水) ≤10.0 (污水)	≤0.2 (地下水) ≤0.2 (其他水)
悬浮固体直径 μm	≤2.0 (K≤0.1, p≥80%) ≤3.0 (K=0.1~0.6,p≥80%) ≤5.0 (K>0.6,p≥80%)	≤2.0 (K≤0.2, p≥90%) ≤5.0 (K>0.6, p≥90%)		≤5.0	≤2.0
溶解氧(O_2) mg/L	≤0.05(总矿化度>5000mg/L) ≤0.5(总矿化度<5000mg/L)	≤0.05 (密闭流程) ≤0.5 (开式流程)	≤0.05(总矿化度>1000mg/L) ≤0.5(总矿化度<1000mg/L)	≤0.5 (含油污水) ≤0.05 (其他水)	≤0.05

续表

指　　标	《碎屑岩油藏注水水质指标及分析方法》(SY/T 5329—2012)	胜利油田	华北油田	大庆长垣	大庆外围
硫化物(S^{2-}) mg/L	≤10	≤14		≤50	≤50
游离 CO_2 mg/L	≤10				
细菌总数 个/mL	$<10^2$ ($K<0.1$) $<10^3$ ($K=0.1\sim0.6$) $<10^4$ ($K>0.6$)	$<2.5\times10^2$ ($K<0.2$) $<2.5\times10^4$ ($K>0.2$)	≤10^4	≤10^4	≤10^4
硫酸盐还原菌 个/mL	$<10^2$	$<10^2$	≤10	≤10^3	≤10^2
平均腐蚀速率 mm/a	≤0.076	≤0.125	≤0.1	≤0.076	≤0.076
结垢厚度 mm/a				允许结 ≤0.4 软垢	允许结 ≤0.4 软垢
滤膜系数	≥20($K<0.1$) ≥15($K=0.1\sim0.6$) >10($K>0.6$)				

注：1. K 为渗透率，单位是 μm^2；
　　2. p 为小于或等于某一粒径的悬浮固体体积占总体积的百分数。

第一节　缓蚀剂

油田污水中含有溶解氧、硫化氢和二氧化碳等腐蚀性气体，它们对污水处理及回注系统的金属管线和设备有着严重的腐蚀性。控制油田水腐蚀的方法有多种，大致上有如下几种方法：

(1)设备合理选材或改变材料的组成，如采用耐蚀合金及非金属材料或采用内涂层等来减缓或防止腐蚀；

(2)改变介质状况，如改变水的 pH 值或除去水中的有害溶解气体来减缓金属腐蚀；

(3)采用阴极保护，应用电化学原理使足够量的电流通过浸于水中的金属以阻止腐蚀；

(4)添加缓蚀剂，即在油田水中投加能抑制金属腐蚀的化学药剂，以达到减缓腐蚀的目的。

后三种方法是油田中经常采用的方法。

一、油田水腐蚀及影响因素

由于和周围介质相作用使材料(通常指金属)破坏或使材料的性质恶化的过程称为腐蚀。
油田含油污水中含有溶解氧、硫化氢、二氧化碳等腐蚀性气体，它们对污水处理及回注污水的注水系统的金属管线及设备普遍存在着腐蚀现象。由于各油田污水中溶解氧含量、pH值及含盐量(总矿化度)不同,其腐蚀性也有很大差别,但都有很大危害。例如,大庆油田含油污水中含有 15~20mg/L 的硫化氢及 0.5mg/L 左右的溶解氧,但由于 pH 值较高(8.5~9),被污水全部浸泡的部分一般腐蚀性不大;但在开式污水罐的气水界面及罐顶腐蚀严重,一般使用 7~8 年就开始穿孔。再如胜利油田污水系统,由于矿化度高达 30000mg/L 以上,pH=7.0~7.5,含有 1~5mg/L 的硫化氢,开式污水处理系统一般含有 0.5~2.0mg/L 的溶解氧,这种水的腐蚀性很大。胜利油田辛一污水处理站,处理规模为 5000m³/d,采用开式流程而又没有采取任何防护及缓蚀措施,在投产半年后开始穿孔,第一年内穿孔达 20 多处,仅运行了一年零三个月该站就因腐蚀严重而报废。其他如中原油田及江汉油田等,都因为污水矿化度高而使腐蚀相当严重。

影响腐蚀的因素有以下几种。

1. 溶解氧的影响

油田水中的溶解氧浓度在小于 1mg/L 的情况下也能引起碳钢的腐蚀。在采出水中本来不含氧,但在水采出地面后,因与空气接触而含氧。

氧气在水中的溶解度是压力、温度和氯化物含量的函数。氧气在盐水中的溶解度一般小于在淡水中的溶解度。碳钢在室温下不含氧的纯水中的腐蚀速率小于 0.04 mm/a,腐蚀几乎察觉不到。水被空气中的氧饱和后,腐蚀速度增加很快,在室温时其初始腐蚀速率可达 0.45mm/a,自然腐蚀速率约为 0.1mm/a。这类腐蚀往往是不均匀的全面腐蚀。碳钢在含盐量较高的水中发生的腐蚀将不再是全面腐蚀,有可能出现局部腐蚀,局部腐蚀速率可高达 3~5mm/a。

2. 二氧化碳的影响

在大多数天然水中都含有溶解的二氧化碳气体,它主要来源于水或土壤中的有机物质进行生物氧化时的分解产物。一般水中可溶的二氧化碳量只有 0.5~1mg/L。地层深处的水中有时含有大量的二氧化碳,它是由地球的地质化学过程产生的。与所有的气体一样,二氧化碳在水中的溶解度与压力、温度以及水的组成有关。

当水中有游离二氧化碳存在时,水呈酸性反应,即

$$CO_2 + H_2O \rightleftharpoons H^+ + HCO_3^-$$

由于水中 H^+ 离子含量增多,就会产生氢的去极化腐蚀。

游离二氧化碳腐蚀受温度影响较大,因为当温度升高时,碳酸的电离度增大,所以升高温度会大大促进腐蚀。游离二氧化碳腐蚀受压力的影响也较大,腐蚀速率随二氧化碳分压的增大而增加。

3. 硫化氢的影响

含硫油田中与油共生的水往往含有硫化氢。干燥的硫化氢与二氧化碳一样都不具有腐蚀性,溶解于水中的硫化氢具有腐蚀性。对于含硫化氢的水溶液,有

$$H_2S \rightleftharpoons H^+ + HS^-$$
$$HS^- \rightleftharpoons H^+ + S^{2-}$$

含硫化氢的水溶液是很弱的酸,其一级电离已很微弱,二级电离更微弱。碳钢在这种水溶液中会发生氢的去极化腐蚀,碳钢的阳极产物铁离子与水中的硫离子生成硫化铁。硫化铁的溶度积很小,是一类难溶沉淀物。

如果油田水中本来不存在硫化氢,在运行过程中开始显出硫化氢的痕迹,则表明系统中可能存在硫酸盐还原菌。

水中硫化物更重要的腐蚀形式是使金属材料破裂,通常称之为硫化物破裂。

4. 溶解盐类的影响

油田水中的溶解盐类对水的腐蚀有显著的影响。在溶解盐类浓度非常低的情况下,不同的阴离子和阳离子对水的腐蚀程度也是不同的。氯化物、硫酸盐和重碳酸盐是油田水中常见的溶解盐类。一般来说,氯化物和硫酸盐的存在都会加剧腐蚀,而重碳酸盐离子有抑制腐蚀的倾向。

含有溶解盐类的水的腐蚀性随着溶解盐类浓度的增大而增加,但在出现最大值后会趋于减小。这是因为含盐量增加,盐水导电性增大,腐蚀性增大;但含盐量足够大时,会明显引起水中氧气的溶解度降低,腐蚀性反而下降。

5. pH 值的影响

在没有溶解氧的水中,随着 pH 值的降低腐蚀加剧。在含有溶解氧的水中,腐蚀过程主要受氧扩散控制,因而在 pH 值为 4~10 范围的内腐蚀速率不受 pH 值影响。

当水的 pH≤4 时,碳钢表面的氧化物覆盖膜完全溶解,碳钢表面的 pH 值下降,碳钢表面和酸性介质直接接触。这时碳钢表面上同时进行着两个去极化反应,即氢去极化和酸性溶液中的氧去极化。由于腐蚀产物没有保护作用,碳钢表面上进行的是均匀腐蚀,这种情况实际上相当于碳钢的酸洗过程。

当水的 pH 值在 10~13 的碱性范围内时,碳钢表面的 pH 值升高,使 $\alpha-Fe_2O_3$ 转化为具有钝化性能的 $\gamma-Fe_2O_3$,腐蚀速率下降。然而当 pH 值过高时,腐蚀速率又会上升。其原因是碳钢表面的钝化膜在浓碱溶液中溶解成可溶性的铁酸钠($NaFeO_2$)。

二、油田水处理系统常用缓蚀剂

缓蚀剂是指添加到腐蚀介质中能有效地抑制或延缓金属腐蚀速率的化学剂。

可用于油田水处理系统中的缓蚀剂品种繁多,来源复杂,效果也有较大差异。它们的种类按其成分,可分为无机缓蚀剂和有机缓蚀剂两大类;按其缓蚀机理,可分为阳极型缓蚀剂、阴极型缓蚀剂和混合型缓蚀剂;若按其来源,则可分为天然产物和人工合成产物两类。但目前应用得比较多的分类方法是按缓蚀剂在金属表面形成保护膜的类型来分类的,见表 6-2。

表 6-2 缓蚀剂的类型

缓蚀剂分类	缓蚀剂主要品种	保护膜特征
钝化膜型	铬酸盐 亚硝酸盐 钼酸盐 钨酸盐	致密 膜较薄(30~300Å) 与金属结合紧密
沉淀膜型	聚磷酸盐 硅酸盐 锌酸盐 巯基苯并噻唑 苯并三氮唑	多孔 膜厚 与金属结合不太紧密 较致密 膜较薄

续表

缓蚀剂分类	缓蚀剂主要品种	保护膜特征
吸附膜型	有机胺 硫醇类 表面活性剂 木质素衍生物 葡萄糖酸盐类	在非清洁表面吸附性差

注:$1Å=10^{-10}m$。

1. 钝化膜型缓蚀剂

这类缓蚀剂实际上是一种氧化剂,故也称为氧化膜型缓蚀剂。例如铬酸盐、亚硝酸盐、钼酸盐、钨酸盐等,它们的作用是使二价铁氧化成三价铁,即在金属表面上形成一层氧化物膜。这种膜非常致密,可牢固地吸附在金属表面上,使金属表面钝化,阻止了进一步的腐蚀发生。如铬酸盐可在金属表面发生下列反应:

$$CrO_4^{2-}+3Fe(OH)_2+4H_2O = Cr(OH)_3+Fe(OH)_3+2OH^-$$
$$2Fe(OH)_3 = Fe_2O_3+3H_2O$$

这种膜可与金属表面直接结合,因此十分牢固。但是,如果这种缓蚀剂的加入量不足以使金属表面全部钝化,则腐蚀会集中发生在未钝化的部位,造成严重的局部腐蚀。

2. 沉淀膜型缓蚀剂

这类缓蚀剂能与水中某种离子或腐蚀下来的金属离子形成难溶的沉淀物,并在金属表面沉积成膜。这种膜将金属与腐蚀介质隔开,从而阻止了金属的进一步腐蚀。例如磷酸盐和硅酸盐等,都属于沉淀膜型缓蚀剂。但是这类缓蚀剂形成的膜没有与金属表面直接结合,因此附着程度不如钝化膜,而且不够致密,往往是多孔疏松的膜,故缓蚀效果不如钝化膜型缓蚀剂。

例如,硅酸钠可在阳极表面上与腐蚀产物 Fe^{2+} 反应,形成硅酸铁沉淀膜而起缓蚀作用,其反应式为:

$$Fe^{2+}NaO·mSiO_2 = FeO·mSiO_2+2Na^+$$

3. 吸附膜型缓蚀剂

吸附膜型缓蚀剂是当前应用最为广泛的一类缓蚀剂,它们都是有机化合物,分子中含有氧、氮和(或)硫、磷等元素。这些元素最外层均有未共用电子对,它们可与金属原子的空轨道形成配位吸附。而缓蚀剂分子中的非极性基团起到对金属表面的屏蔽作用,从而在金属表面形成一层疏水膜,使腐蚀介质与金属表面隔开,达到抑制腐蚀的目的。

下面列出一些吸附膜型缓蚀剂。

(1) 1—氨乙基—2—烷基咪唑啉,其分子结构为:

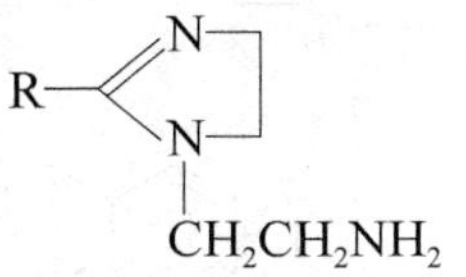

$R:C_{11}\sim C_{17}$

(2)1—聚氨乙基—2—烷基咪唑啉,其分子为:

(3)1,3,5—(2—氨基—2—甲基)丙基全氢化三嗪,其分子结构为:

(4)苯甲醛、丙烯醛、戊二醛、丁烯醛、2—庚烯醛、香叶醛等醛类。

(5)肉桂醛和反式肉桂醛,其分子结构分别为:

(6)聚氧乙烯烷基醇醚,其分子结构为:

R—O—[CH₂CH₂O]$_n$—H   R:C$_{12}$~C$_{18}$ $n>5$

(7)氯化苄基吡啶和氯化烷基吡啶,其分子结构分别为:

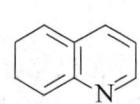   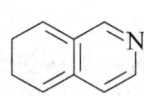   R:C$_{12}$~C$_{18}$

(8)喹啉、异喹啉和苯并喹啉,其分子结构分别为:

(9)氯化苄基喹啉和氯化烷基喹啉,其分子结构分别为:

[N⁺—CH₂—⌬]Cl⁻   [N⁺—R]Cl⁻   R:C$_{12}$~C$_{18}$

(10)吖啶和烷基吖啶,其分子分别为:

目前油田注水系统中使用的缓蚀剂主要是吸附膜型有机缓蚀剂。该类缓蚀剂具有许多优点：缓蚀效果较好，投加剂量较低，使用成本比较便宜；既有缓蚀作用又有杀菌作用，如咪唑啉等；具有降低表面张力的作用，有利于将水注入地层而提高注水速度；具有分散作用，如季铵盐等，可以防止一些沉积物对地层的堵塞；有机缓蚀剂比无机缓蚀剂毒性小，因而环境限制较小。

国内外各油田都将注水系统设计成闭式系统，使注入水中的氧含量降低，再辅以 Na_2SO_3 等除氧剂，可使水中的溶解氧降低至 $0.02\sim0.05mg/L$。这样就使油田污水的腐蚀类型从主要为氧腐蚀转化成弱酸性的环境腐蚀（主要是 H_2S 和 CO_2 的腐蚀），然后再使用缓蚀剂进行防腐。

第二节　防垢剂

结垢是油田水水质控制中遇到的最严重问题之一。结垢可以发生在地层、井筒或地面的各个部位，有些井和油层由于结垢在井筒炮眼的生产层沉积而过早地废弃；结垢也可以发生在砾石充填层、井下泵、油管管柱、油嘴及储油设备、集输管线、原油加工设备、冷却塔、锅炉和注水及排污管线等设备以及水处理系统的任何部位。结垢会给油田生产带来严重危害：水垢是热的不良导体，水垢的形成大大降低了传热效果；水垢的沉积会引起设备和管线的局部腐蚀，在短期内穿孔而破坏；水垢还会降低水流截面积，增大水流阻力和输送能量，增加了清洗费用和检修时间。

影响油田水结垢的因素很多，其中一个重要的因素是油田水的成分及类型。当油田水中含有高浓度的碳酸盐、硫酸盐、氯化物和钡盐时，油田水就有了形成碳酸钙、硫酸钙和硫酸钡水垢的基本化学条件，只要环境条件发生变化，打破了原来水中溶解物质的平衡状态，就有可能形成水垢。含有高浓度碳酸氢钙的油田水，在压力降低和温度升高时，碳酸氢钙会分解成二氧化碳并析出碳酸钙。例如在油井开采过程中，压力逐渐降低，油田水中的碳酸氢钙就会不断被分解。如果是在密闭系统，二氧化碳不易扩散逸出，碳酸氢钙在水中仍然处于稳定状态，一般不会产生碳酸钙垢，但在油井中的抽油泵，由于抽吸作用造成脱气现象，因此在油井的泵筒内会发现碳酸钙垢。从油井中采出的液体首先到转油站加温，由于二氧化碳很快逸散，换热器上也会产生严重的碳酸钙垢。

一、油田水常见的垢型及影响因素

水垢的类型很多，用途不同的工业用水会产生各种不同类型的水垢。油田水中通常只有少数几种水垢，表 6-3 列出了油田水中常见的水垢及影响结垢的主要因素。

表 6-3　油田水常见的水垢及影响因素

水垢类型	化学式	结垢的主要影响因素
碳酸钙	$CaCO_3$	二氧化碳分压、温度、含盐量、pH 值
硫酸钙	$CaSO_4 \cdot H_2O$（石膏） $CaSO_4$（无水石膏）	温度、压力、含盐量
硫酸钡	$BaSO_4$	温度、含盐量
硫酸锶	$SrSO_4$	

水垢类型	化学式	结垢的主要影响因素
碳酸亚铁	$FeCO_3$	
硫化亚铁	FeS	
氢氧化亚铁	$Fe(OH)_2$	腐蚀、溶解气体、pH 值
氢氧化铁	$Fe(OH)_3$	
氧化铁	Fe_2O_3	

二、油田水处理系统常用的防垢剂

防垢剂是指能抑制或阻止水中盐类成垢沉积的化学剂。

目前在油田水处理中常用的防垢剂主要有含磷的有机缓蚀防垢剂、低相对分子质量聚合物和天然高分子化合物防垢剂。

1. 有机膦酸盐防垢剂

这类防垢剂在结构上属于有机多元膦酸盐,是于 20 世纪 60 年代后期陆续开发、70 年代被广泛应用的一类防垢剂。它们是一类非化学当量防垢剂,具有明显的"溶限效应",当它们与其他水处理药剂复合使用时,又表现出理想的"协同效应"。

有机多元膦酸盐防垢剂对许多金属离子如钙、镁、铜、锌等金属的离子具有优异的螯合能力,甚至对这些金属的无机盐类如硫酸铜、碳酸钙等也有较好的活化作用,因此目前国内外大量应用于水处理。它们是目前效果良好、有发展前途的一类水处理药剂。

有机多元膦酸系指分子中有两个或两个以上膦酸基团直接与碳原子相连的有机化合物。常见的有机多元膦酸主要是甲叉膦酸型和同碳二膦酸型。这些有机多元膦酸盐都有较好的化学稳定性,基本上不被酸碱破坏,也不易水解,能够耐较高的温度,对一些氧化剂也有一定程度的耐氧化能力。这些良好的性能主要由于在结构上碳磷(C—P)直接相连,这种碳磷键比较牢固,而相应的无机聚磷酸盐和磷酸酯在结构上的 P—O—P 键和 C—O—P 键都不如 C—P 键牢固。

膦酸盐可由三氯化磷、甲醛和氯化铵反应,或由多氨基化合物与甲醛和亚膦酸反应,再用碱中和生成。如乙二胺四甲叉膦酸盐(EDTMP)可通过下列反应得到:

$$H_2N-CH_2CH_2-NH_2 + 4CH_2O \longrightarrow \begin{array}{c} HOH_2C \\ HOH_2C \end{array} N-CH_2CH_2-N \begin{array}{c} CH_2OH \\ CH_2OH \end{array}$$

$$\begin{array}{c} HOH_2C \\ HOH_2C \end{array} N-CH_2CH_2-N \begin{array}{c} CH_2OH \\ CH_2OH \end{array} + H_3PO_3 \longrightarrow \begin{array}{c} H_2O_3PH_2C \\ H_2O_3PH_2C \end{array} N-CH_2CH_2-N \begin{array}{c} CH_2PO_3H_2 \\ CH_2PO_3H_2 \end{array}$$

$$\begin{array}{c} H_2O_3PH_2C \\ H_2O_3PH_2C \end{array} N-CH_2CH_2-N \begin{array}{c} CH_2PO_3H_2 \\ CH_2PO_3H_2 \end{array} + 8MOH \longrightarrow \begin{array}{c} M_2O_3PH_2C \\ M_2O_3PH_2C \end{array} N-CH_2CH_2-N \begin{array}{c} CH_2PO_3M_2 \\ OH_2PO_3M_2 \end{array}$$

产品可以部分中和或全部中和,故 M 可以是 H 或 Na、K、NH_4 等。

下面介绍一些常用的多元膦酸盐防垢剂。

(1) 甲胺二甲叉膦酸盐 MADMP,其分子结构为：

$$CH_3-N\begin{matrix}CH_2PO_3M_2\\ CH_2PO_3M_2\end{matrix}$$

(2) 氨基三甲叉膦酸盐 ATMP,其分子结构为：

$$M_2O_3PH_2C-N\begin{matrix}CH_2PO_3M_2\\ CH_2PO_3M_2\end{matrix}$$

(3) 1—羟基乙川—1,1 二膦酸盐 HEDP,其分子结构为：

$$CH_3-\underset{PO_3M_2}{\overset{PO_3M_2}{C}}-OH$$

(4) 1—氨基乙川—1,1 膦酸盐 AEDP,其分子结构为：

$$CH_3-\underset{PO_3M_2}{\overset{PO_3M_2}{C}}-NH_2$$

(5) 乙二胺四甲叉膦酸盐 EDTMP,其分子结构为：

$$\begin{matrix}M_2O_3PH_2C\\ M_2O_3PH_2C\end{matrix}N-CH_2-CH_2-N\begin{matrix}CH_2PO_3M_2\\ CH_2PO_3M_2\end{matrix}$$

(6) 已二胺四甲叉膦酸盐 HMDTMP,其分子结构为：

$$\begin{matrix}M_2O_3PH_2C\\ M_2O_3PH_2C\end{matrix}N-(CH_2)_6-N\begin{matrix}CH_2PO_3M_2\\ CH_2PO_3M_2\end{matrix}$$

(7) 二乙三胺五甲叉膦酸盐 DETPMP,其分子结构为：

$$M_2O_3PH_2C-\underset{CH_2PO_3M_2}{N}-CH_2-CH_2-\underset{CH_2PO_3M_2}{N}-CH_2-CH_2-N\begin{matrix}CH_2PO_3M_2\\ CH_2PO_3M_2\end{matrix}$$

(8) 1,2—环已二胺四甲叉膦酸盐,其分子结构为：

$$\begin{matrix}M_2O_3PH_2C\\ M_2O_3PH_2C\end{matrix}N-\underset{\underset{CH_2-CH_2}{H_2C}}{\overset{CH-CH}{\underset{H_2C}{|}}}-N\begin{matrix}CH_2PO_3M_2\\ CH_2PO_3M_2\end{matrix}$$

有机多元膦酸盐既有防垢性能又有缓蚀性能,然而作为水处理药剂来说,主要还是利用它们优异的防垢性能,而它们的防垢性能又与其络合性能有关。

由于它们是多元膦酸,因此在水溶液中能够离解成多个酸根负离子。它们和许多金属离子形成的络合物,往往是五元环、六元环或双五元环等形式,这种形式的络合物常常是十分稳定的。

有机多元膦酸盐还能对一些碱土金属类产生去活化作用,这就使得水中要形成钙垢的晶核数目大为减少,从而形成碳酸钙和硫酸钙等硬垢的可能性也减少了。

因此说,有机多元膦酸盐是一种有多种防垢途径的理想防垢剂,它们在较低浓度下(如 0.1~30mg/L 范围内)就可以达到 50%~80% 的防垢率,当复配其他药剂时,其总防垢率可达到 90% 以上。有机膦酸盐的热稳定性能也很好,可以在 200℃ 以上的温度使用。

2. 氨基多羧酸盐防垢剂

氨基多羧酸盐是由多氨基化合物与氯乙酸在碱性条件下反应生成的。例如乙二胺四乙酸盐(EDTA)可通过下列反应得到:

$$H_2N-CH_2CH_2-NH_2 + 4ClCH_2COOH + 4MOH \longrightarrow \begin{array}{c} MOOCH_2C \\ \\ MOOCH_2C \end{array} N-CH_2CH_2-N \begin{array}{c} CH_2COOM \\ \\ CH_2COOM \end{array}$$

常用的氨基多羧酸盐有以下 7 种。

(1)氨基二乙酸盐,其分子结构为:

$$HN \begin{array}{c} CH_2COOM \\ \\ CH_2COOM \end{array}$$

(2)甲胺二乙酸盐,其分子结构为:

$$CH_3-N \begin{array}{c} CH_2COOM \\ \\ CH_2COOM \end{array}$$

(3)苯胺二乙酸盐,其分子结构为:

$$C_6H_5-N \begin{array}{c} CH_2COOM \\ \\ CH_2COOM \end{array}$$

(4)氨基三乙酸盐,其分子结构为:

$$MOOCH_2C-N \begin{array}{c} CH_2COOM \\ \\ CH_2COOM \end{array}$$

(5)乙二胺四乙酸盐,其分子结构为:

$$\begin{array}{c} MOOCH_2C \\ \\ MOOCH_2C \end{array} N-CH_2CH_2-N \begin{array}{c} CH_2COOM \\ \\ CH_2COOM \end{array}$$

(6)二乙三胺五乙酸盐,其分子结构为:

$$\text{MOOCH}_2\text{C}{-}\underset{\underset{\text{CH}_2\text{COOM}}{|}}{\text{N}}{-}[\text{CH}_2\text{CH}_2]_2{-}\underset{\underset{\text{CH}_2\text{COOM}}{|}}{\overset{\overset{\text{CH}_2\text{COOM}}{|}}{\text{N}}}$$

(7)三乙四胺六乙酸盐,其分子结构为:

$$\text{MOOCH}_2\text{C}{-}\underset{\underset{\text{CH}_2\text{COOM}}{|}}{\text{N}}{-}[\text{CH}_2\text{CH}_2]_3{-}\underset{\underset{\text{CH}_2\text{COOM}}{|}}{\overset{\overset{\text{CH}_2\text{COOM}}{|}}{\text{N}}}$$

3. 低相对分子质量聚羧酸防垢剂

20世纪70年代,人们把低相对分子质量的聚羧酸(盐)用于冷却水系统的防垢剂。所谓低相对分子质量是相对而言,低相对分子质量的聚羧酸通常是指相对分子质量不高于10^4,使用时也有相对分子质量高于10^4的。这类防垢剂也具有溶限效应,在现场使用时通常只要浓度小于10mg/L,就能使结垢情况得到较好的控制。当它们与有机多元膦酸复合使用时,防垢效果会因协同效应而得到提高。它们能使热交换器壁上的垢层由硬垢或极硬垢转变为软垢或极软垢,从而使垢层易于在水流的冲刷下脱落下来。

这类防垢剂主要有聚丙烯酸(盐)、水解聚丙烯酰胺和水解聚马来酸酐等,国内都已能大量生产和供应。下面介绍一些常用的聚羧酸型防垢剂。

(1)聚丙烯酸盐,其分子结构为:

$$-[\text{CH}_2-\underset{\underset{\text{COOM}}{|}}{\text{CH}}]_n-$$

(2)聚甲基丙烯酸盐,其分子结构为:

$$-[\text{CH}_2-\underset{\underset{\text{COOM}}{|}}{\overset{\overset{\text{CH}_3}{|}}{\text{C}}}]_n-$$

(3)丙烯酸盐—丙烯酸甲酯共聚物,其分子结构为:

$$-[\text{CH}_2-\underset{\underset{\text{COOM}}{|}}{\text{CH}}]_m[\text{CH}_2-\underset{\underset{\text{COOCH}_3}{|}}{\text{CH}}]_n-$$

(4)丙烯酸盐—丙烯酰胺共聚物,其分子结构为:

$$-[\text{CH}_2-\underset{\underset{\text{COOM}}{|}}{\text{CH}}]_m[\text{CH}_2-\underset{\underset{\text{COOCH}_2}{|}}{\text{CH}}]_n-$$

(5)水解聚马来酸酐,其分子结构为:

$$-[\underset{\underset{\text{COOM}}{|}}{\text{CH}}-\underset{\underset{\text{COOM}}{|}}{\text{CH}}]_m[\underset{\underset{\overset{|}{\text{C}}=\text{O}}{|}}{\text{CH}}-\underset{\underset{\overset{|}{\text{C}}=\text{O}}{|}}{\text{CH}}]_n-$$
（尾端环O连接两个C=O）

(6) 马来酸—酯酸乙烯酯共聚物,其分子结构为:

$$\left[CH-CH \right]\left[CH_2-CH \right]_n$$
$$\quad\ \ |\quad\ \ |\qquad\qquad |$$
$$\ \ COOM\ COOM\qquad\ O$$
$$\qquad\qquad\qquad\qquad |$$
$$\qquad\qquad\qquad\quad C=O$$
$$\qquad\qquad\qquad\quad |$$
$$\qquad\qquad\qquad\quad CH_3$$

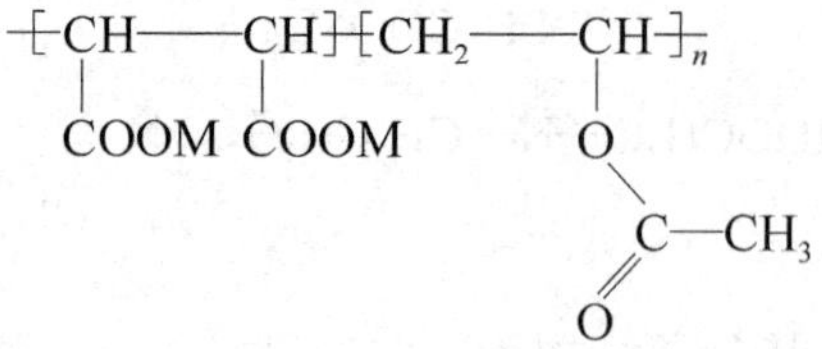

(7) 马来酸盐—磺化苯乙烯酯共聚物,其分子结构为:

$$\left[CH-CH \right]_m \left[CH_2-CH \right]_n$$
$$\quad\ |\quad\ \ |\qquad\qquad\ |$$
$$COOM\ COOM\qquad\ C_6H_4$$
$$\qquad\qquad\qquad\qquad |$$
$$\qquad\qquad\qquad\ SO_3M$$

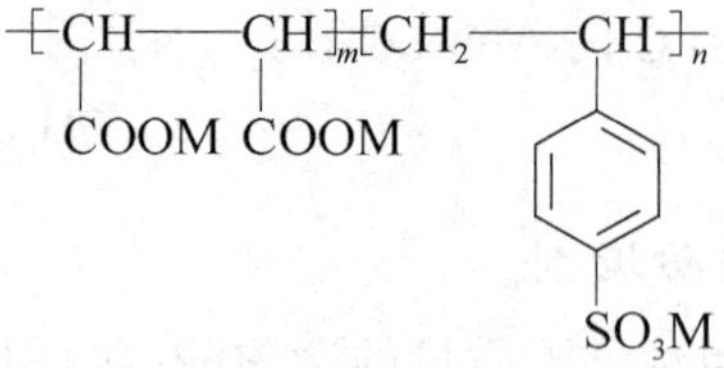

这类防垢剂中起防垢作用的主要是聚合物的负离子,这些负离子一般都是钙、镁、铁、铜等离子的优异螯合剂。这类防垢剂的防垢性能与它们的相对分子质量和使用浓度有很大的关系。

第三节 油田水用杀菌剂

一、油田水中主要微生物及其危害

在油田水系统中,主要是回注污水的注水系统中,由于微生物的存在,给油田生产带来了极大的危害。其中危害最为严重的是硫酸盐还原菌,其产物硫化氢对金属的腐蚀特别严重,生成物硫化铁又是造成管线堵塞的物质。其次是能够产生黏液的腐生菌以及铁细菌,这些菌的数量超过一定值后,能产生氧浓差腐蚀电池,致使注水井堵塞,注入量降低等。其他生物如藻类、硫细菌、酵母菌和霉菌等,也可能造成堵塞和产生氧浓差腐蚀电池等,但产生的问题不如上面几种细菌严重。

1. 硫酸盐还原菌(SRB)

这是一种在厌氧条件下使硫酸盐还原成硫化物的细菌。它们以有机物为营养源,广泛存在于污水中缺氧的地方以及土壤中。因此,凡是土壤中埋设管线、地下油水井、污水处理系统中缺氧的部位,都可能受到硫酸盐还原菌的危害。

在无氧的中性环境中,钢铁的腐蚀是很微弱的,因为这种环境一般对阴极去极化是不利的的。但由于硫酸盐还原菌的存在,使这种环境中的腐蚀很严重,这是因为硫酸盐还原菌起了阴极去极化的作用,加速了腐蚀过程。硫酸盐还原菌存在时,可能发生下列的腐蚀过程:

阳极反应　　　　　　$Fe \rightleftharpoons Fe^{2+} + 2e$
水的电离　　　　　　$H_2O \rightleftharpoons H^+ + OH^-$
阴极反应　　　　　　$H^+ + e \rightleftharpoons H$(吸附于铁表面)
细菌阴极去极化　　　$SO_4^{2-} + 8H \rightleftharpoons S^{2-} + 4H_2O$
腐蚀产物　　　　　　$Fe^{2+} + S^{2-} \rightleftharpoons FeS$
腐蚀产物　　　　　　$3Fe^{2+} + 6OH^- \rightleftharpoons 3Fe(OH)_2$
总反应　　　　　　　$4Fe + SO_4^{2-} + 4H_2O \rightleftharpoons FeS + 3Fe(OH)_2 + 2OH^-$

硫酸盐还原菌腐蚀主要还是依靠氢化酶的作用,有些细菌中的氢化酶可以把氢直接氧化成水,而硫酸盐还原菌的氢化酶可在金属表面上的阴极部位把硫酸根生物催化成硫离子和初生态氧,初生态氧在阴极使吸附于阴极表面的氢去极化而生成水,因此去极化剂并不是细菌,而是初生态氧。

2. 铁细菌

铁细菌在自然界中也是分布很广的一种微生物,其种类很多,且不是集中于同一个目或一个科,因此在培养分离上比较困难。凡是具有以下生理特征的即为典型的铁细菌:能在氧化亚铁生成高铁化合物中起催化作用;可以利用铁氧化过程中释放出的能量来满足其生命的需要;能大量分泌氢氧化铁成基定形结构。

铁细菌是一种好气异养菌,也有兼性异养和严格自养的,在含氧量小于 0.5mg/L 的系统中也能生长。它们能分泌出大量的黏性物质,从而造成注水井和过滤器的堵塞,并能形成浓差腐蚀电池,同时可给硫酸盐还原菌的繁殖提供局部的厌氧区。

铁细菌是在与水接触的结瘤腐蚀中最常见的一种菌。它一方面具有附着在金属表面的能力,另一方面它具有氧化水中亚铁离子或由金属表面微电池溶解出来的亚铁成为氢氧化高铁的能力,使高铁化合物在铁细菌胶质鞘中沉积下来。这样就形成了包含菌体和氢氧化高铁等组成的结瘤,使水流中的溶解氧很难扩散到瘤底部的金属表面,另外菌的呼吸也消耗了氧,使这个区域成为贫氧区,而结瘤周围氧浓度相对较高,形成氧浓差电池。瘤下部的缺氧区为腐蚀电池的阳极区,瘤周围为阴极区。管壁阳极区溶解出亚铁离子向外扩散,能到表面的可以被铁细菌氧化,未能到表面的成为氢氧化亚铁。这样结瘤可以逐渐扩大,阳极区腐蚀随之加深。由于瘤底部缺氧,同时也伴随硫酸盐还原菌的腐蚀,使腐蚀加剧。

在油田注水系统中,可以根据以下情况来判断铁细菌的生长程度:

(1)水的浑浊度和色度增加,有时 pH 值也发生变化;

(2)水中含铁量增加;

(3)水中溶解氧减少;

(4)过滤器、管线和设备里有红褐色的沉淀物;

(5)注水能力降低、井口压力增高、过滤器堵塞以及管线和设备发生腐蚀。

3. 腐生菌

腐生菌作为单独的一种微生物,对其进行描述是困难的。通常在设备和管线上有着黏稠的一层,称为黏液形成菌。它是好气异养菌的一种,常见的有气杆菌、黄杆菌、巨大芽孢杆菌、荧光假单孢菌和枯草芽孢杆菌等,它们是一个混合菌体。

许多油田水都能满足腐生菌生长的物理条件和营养物质,因此腐生菌的存在极其普遍。它们产生的黏液与铁细菌和藻类等一起附着在管线和设备上,造成生物垢,堵塞注水井和过滤器,同时也产生氧浓差电池而引起腐蚀。

通过细菌总数的测定,即由总菌量能够方便地表示形成黏液或产生堵塞的程度。所以在油田水处理中,往往要对注入水进行细菌监测,这是决定水处理方案的重要数据之一。在未处理水中,如果细菌总数小于 10000 个/mL,一般不需处理;但如果细菌总数超出该值,则应引起注意,并采取相应的措施进行杀菌。

二、油田水处理系统常用的杀菌剂

用于杀死注入水中细菌的化学剂称为油田水杀菌剂。

在油田注水系统中,为了防止细菌对管线和设备的腐蚀以及产生的堵塞等问题,必须采取措施抑制细菌的生长。抑制细菌生长,最容易实施的方法是合理地使用化学药剂。用于杀死或抑制微生物生长的化学药剂有很多种,对微生物杀伤作用的大小,因化学剂的毒性和进入细胞的渗透性以及微生物的种类而有差异,同时也受环境因素的影响。一种化学剂对于某一种微生物有毒害,对于另一种微生物可能没有影响,甚至被利用作为营养物质。有些药剂在浓度稍高时起杀菌作用,但在一定的低浓度时,反而有刺激生长作用。因此只有正确地选择和使用杀菌剂,才能有效地抑制微生物的繁殖。

一种好的杀菌剂,应具备高效、广谱、低毒、稳定、无臭、无刺激性、能与其他化学剂配伍、来源广、成本低和使用方便等优点。可用于油田水的杀菌剂有以下三种。

1. 氧化型杀菌剂

这类杀菌剂在水中能分解出新生态氧[O],通过强烈的氧化作用破坏细胞的原生质结构或氧化细胞结构中的一些活性基团而产生杀菌作用。

例如,氯是一种典型的氧化型杀菌剂,它与水作用可生成次氯酸,次氯酸不稳定,可分解出新生态氧:

$$Cl_2 + H_2O \Longrightarrow HClO + HCl$$
$$HClO \Longrightarrow [O] + HCl$$

常用的氧化型杀菌剂有臭氧、二氧化氯、次氯酸钠、次氯酸钙、高锰酸钾、高铁酸钾、二氯异三聚氰酸、三氯异三聚氰酸。

其中次氯酸及其盐较为常用;二氧化氯也是效果较好的杀菌剂,但它是一种不稳定的易爆气体;高铁酸钾是一种强氧化型杀菌剂,且没有公害和污染问题,近年来引起关注,但其制备成本较高,难以大量推广使用。

2. 吸附型杀菌剂

这类杀菌剂通过吸附在细胞表面上,在细胞表面形成一高浓度的离子团,从而直接影响到细胞膜的正常功能。细胞膜是可透性的,它调节着细胞内外离子的出入,又是呼吸、能量转换、营养物运送、膜和细胞壁成分合成的场所。膜被杀菌剂吸附后就改变了电导性、表面张力、溶解性,并可形成络合物,使蛋白质变性,抑制或刺激酶的活性,损害控制细胞渗透性的原生质膜,从而致使细菌死亡。

这类杀菌剂多为季铵盐化合物,下面介绍一些吸附型杀菌剂。

(1) 氯化烷基三甲胺(R 为 $C_{12} \sim C_{16}$),其分子结构为:

$$[R-\underset{\underset{CH_3}{|}}{\overset{\overset{CH_3}{|}}{N}}-CH_3]Cl$$

(2) 氯化双烷基二甲胺(R_1、R_2 为 $C_8 \sim C_{10}$),其分子结构为:

$$[R_1-\underset{\underset{CH_3}{|}}{\overset{\overset{CH_3}{|}}{N}}-R_2]Cl$$

(3) 氯化十二烷基二甲基苄基胺和溴化十二烷基二甲基苄基胺，其分子结构分别为：

$$[C_{12}H_{25}\overset{CH_3}{\underset{CH_3}{N}}CH_2-C_6H_5]Cl \qquad [C_{12}H_{25}\overset{CH_3}{\underset{CH_3}{N}}CH_2-C_6H_5]Br$$

(4) 氯化十六烷基吡啶和溴化十六烷基吡啶，其分子结构分别为：

$$[C_{16}H_{33}-N-C_5H_5]Cl \qquad [C_{16}H_{33}-N-C_5H_5]Br$$

目前油田水中用得较多的是吸附型季铵盐类杀菌剂，它的杀菌能力与烃链的长度有很大的关系。

3. 渗透型杀菌剂

这类杀菌剂有较强的渗透作用，能透过细胞的细胞壁进入细胞质中，破坏菌体内的生物合成，从而起到杀菌作用。下面所示为一些渗透型杀菌剂的分子结构。

在这类杀菌剂中，氯酚类化合物杀菌效果较好，但毒性较大，对人的皮肤和黏膜有刺激性，生物降解性也较差，使用受到限制。

二硫氰基甲烷是近年来被推荐使用的一种广谱性杀菌剂。它杀菌效果好，用量低，尤其对SRB的杀菌效果最好，与氯化十二烷基二甲基苄基铵复配使用效果更好。但它的生物降解性不好，排放受到限制。

无论是哪种类型杀菌剂,都应避免长期使用,因为长期使用一种杀菌剂会使细菌产生抗药性而降低杀菌剂的使用效果,所以杀菌剂必须交替使用。此外,复配使用也会提高杀菌效果。

第四节　油田水用净化剂

目前国内外各油田采用的注水水源主要有地下水、地面水和含油污水。前两种水经曝氧除铁和过滤等措施处理后即可注入地下,而含油污水是指油层采出水,含有一定量的固体悬浮物和原油,必须经过净化处理才能回注到地层。

一、除油剂

含油污水中含有一定数量的原油,一般为$(1\sim5)\times10^3$mg/L,行业标准要求含油量应降至10mg/L以下才能回注地层。

能减少油田污水中油含量的物质称为除油剂。

油田污水中的原油是以 O/W 乳状液的形式分散在水中的,稳定这种乳状液的物质通常是阴离子表面活性剂,它们吸附在油滴表面上,形成吸附膜并使油滴表面带负电。

除油剂通过破坏油滴表面的吸附膜或降低其强度而使油滴聚结,再靠油水密度差上浮至水面,在除油罐中被除去。可用的除油剂有以下几种。

1. 阳离子聚合物

无机阳离子聚合物和有机阳离子聚合物均可作为除油剂。无机阳离子聚合物有羟基铝、羟基铁、羟基锆等多核羟桥络离子;有机阳离子聚合物有聚铵盐、聚季铵盐、阳离子聚丙烯酰胺等。它们通过中和油滴表面负电性和在油滴之间的架桥作用,使油滴易于聚结合并,从而达到除油目的。多核羟桥络离子的结构在前面章节中已经介绍,在此仅介绍部分有机阳离子聚合物除油剂,其结构式分别为:

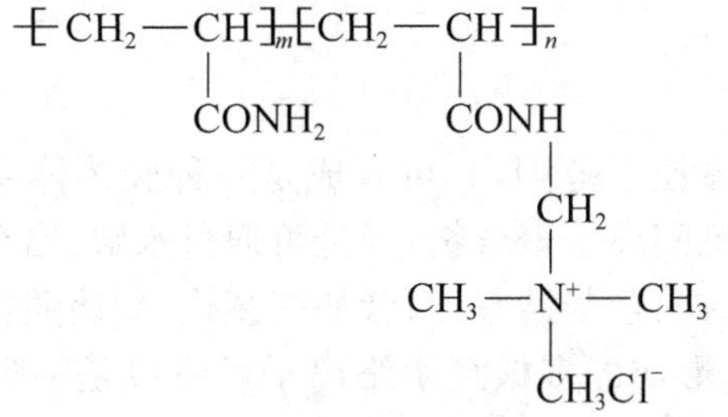

$$\pm CH_2-CH \xrightarrow{}_m \pm CH_2-CH \xrightarrow{}_n$$
$$\quad\quad\quad\quad\quad | \quad\quad\quad\quad\quad |$$
$$\quad\quad\quad\quad CONH_2 \quad\quad\quad CONH$$
$$\quad\quad\quad\quad\quad\quad\quad\quad\quad\quad\quad |$$
$$\quad\quad\quad\quad\quad\quad\quad\quad\quad\quad CH_2$$
$$\quad\quad\quad\quad\quad\quad CH_3-N^+-CH_3$$
$$\quad\quad\quad\quad\quad\quad\quad\quad CH_3\ Cl^-$$

2. 表面活性剂

用于除油的表面活性剂均带有分支结构，它们更易于在界面吸附而取代油滴表面原有的乳化剂，但由于分支结构使它们形成的吸附膜的强度大大降低，从而使油滴易于聚结合并，与污水分离。

部分可用于除油的表面活性剂的结构式为：

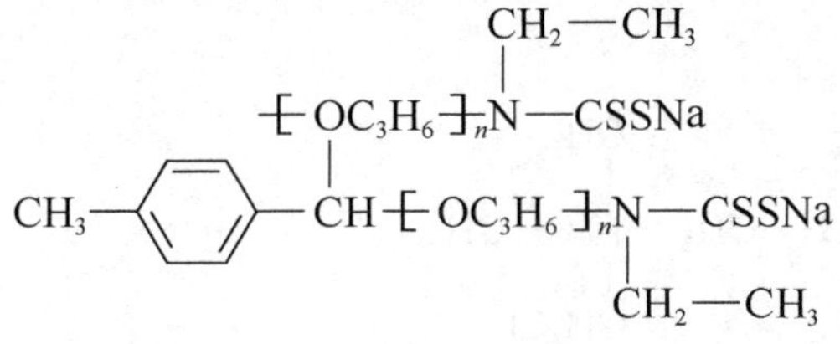

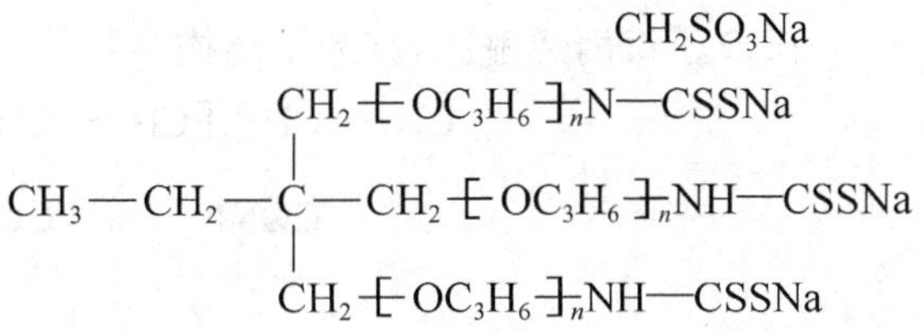

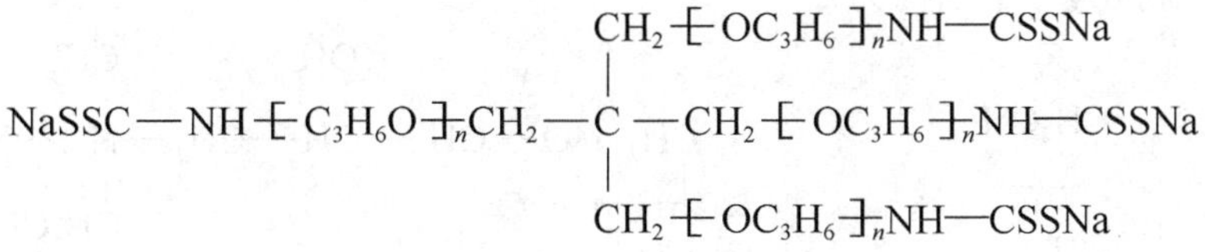

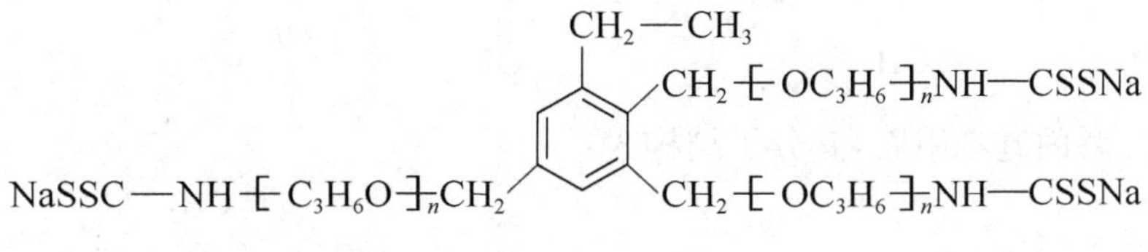

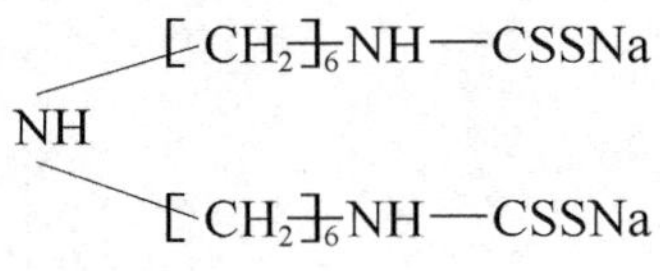

二、絮凝剂

油田水中的固体悬浮物可用絮凝剂除去。能使水中固体悬浮物形成絮状物沉淀的物质称为絮凝剂。

水中的固体悬浮物主要是表面带有负电荷的悬浮颗粒，它们之间的相互排斥作用使其不易聚结、下沉。絮凝剂或是能中和悬浮颗粒表面的负电性，或是使失去电性的颗粒迅速聚结、下沉。具有前一个功能的化学剂称为混凝剂,具有后一个功能的化学剂称为助凝剂。

1. 混凝剂

水中带负电的悬浮颗粒的大小在胶体粒子范围内,可看成是一种胶体体系。混凝剂通常是能在水中离解成多核羟桥络离子的无机阳离子聚合物,或是可通过水解、络合、羟桥作用,形成多核羟桥络离子。前者如羟基铝、羟基铁、羟基锆等;后者如三氯化铝、硫酸铝、铝酸钠、钾明矾、铵明矾、三氯化铁、氢氧化锆等。它们形成的多核羟桥络离子可看成是一种带正电荷的胶体颗粒,两种带不同电荷的胶体颗粒靠静电引力聚集在一起,逐渐聚结成大颗粒,在重力作用下沉降。

2. 助凝剂

助凝剂主要是水溶性有机线型聚合物,它们通过吸附作用而桥接在悬浮颗粒表面上,使悬浮颗粒聚结在一起而迅速下沉。可用的助凝剂有阳离子聚合物、非离子聚合物和阴离子聚合物。

(1) 阳离子聚丙烯酰胺,其分子结构为:

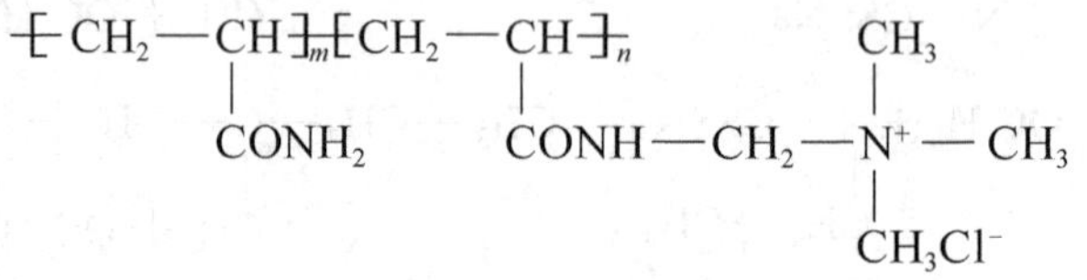

(2) 阳离子淀粉,其分子结构为:

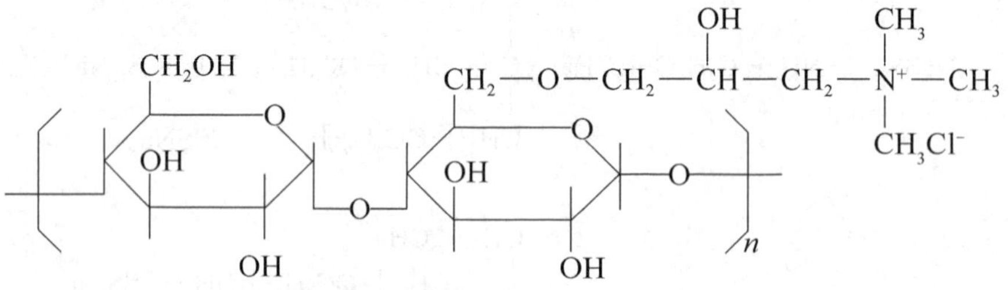

(3) 聚氧化二烯丙基二甲胺,其分子结构为:

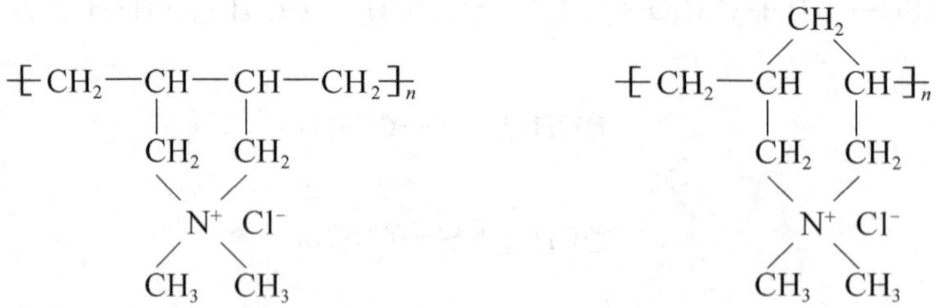

(4) 羧甲基淀粉和羧乙基淀粉,其分子结构为:

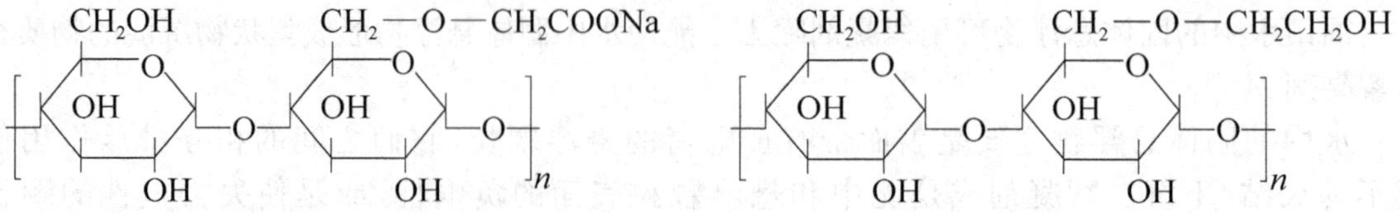

(5)羧甲基纤维素和羧乙基纤维素,其分子结构为:

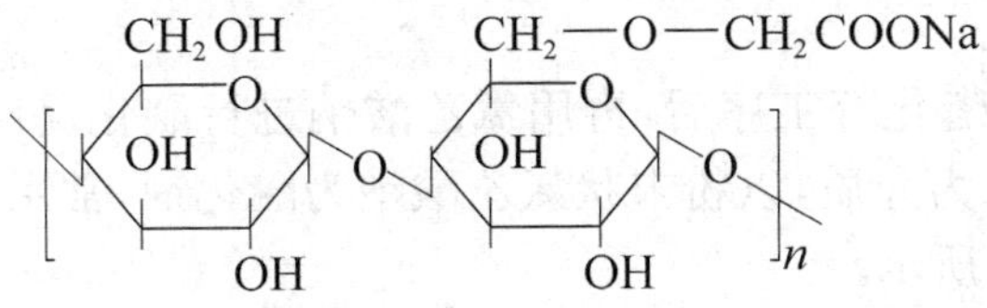

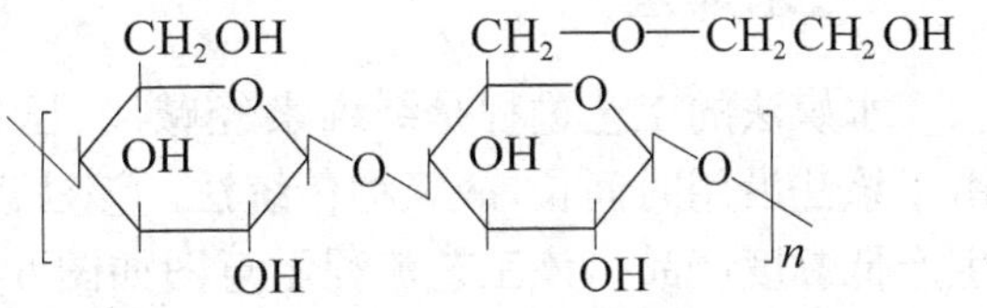

其中阳离子聚合物由于在水中可离解出带负电的基团,所以兼有混凝剂和助凝剂的作用,故可单独作为絮凝剂使用。

第五节　羧甲基纤维素的生产

我国生产的羧甲基纤维素钠 CMC-Na 的生产是以棉纤维为主要原料的。由于棉纤维的组成十分复杂(表6-4),因此必须经过精制才能进行醚化反应,否则将影响产品质量。

表 6-4　棉纤维的组成

组　成	未精制棉短绒(质量分数),%	精制棉短绒(质量分数),%
纤维素	90~91	98.5~98.6
脂肪与蜡	0.5~1	0.1~0.2
蛋白质(以氮计)	0.2~0.3	0.02
果胶及多缩戊糖	1.9	1~1.2
木质素	3	—
灰分	1~1.5	0.18~0.3

纤维素的精制包括除尘、蒸煮、漂洗、漂白、脱水和干燥等过程。精制的目的是去除杂质,提高纤维素的纯度,改善其反应性能。

目前我国生产羧甲基纤维素钠的方法可分两类,即以水为反应介质的水媒法和以有机溶剂为反应介质的溶媒法。虽然由于反应介质不同而使这两类方法的工艺过程有较大差别,但两种工艺路线均需经过碱化和醚化。

碱化反应是将精制后的纤维素原料浸在碱液中生成碱纤维素的过程,反应式为:

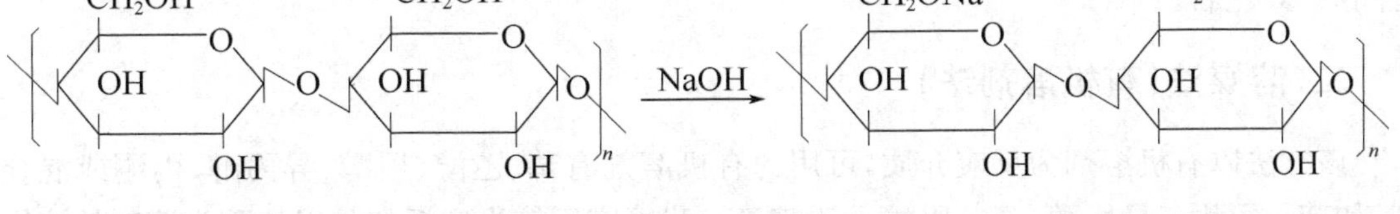

醚化反应是指碱纤维素与醚化剂生成纤维素醚的反应。水媒法常用氯乙酸钠为醚化剂,溶媒法常用氯乙酸为醚化剂。醚化反应可用下式表示:

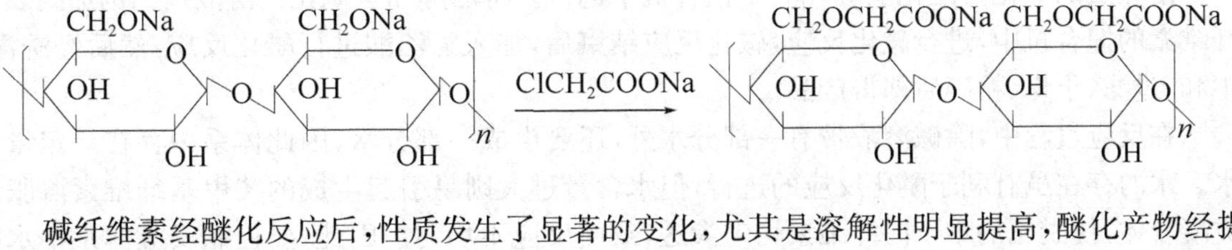

碱纤维素经醚化反应后,性质发生了显著的变化,尤其是溶解性明显提高,醚化产物经提纯、干燥、粉碎、过筛后即得 CMC 产品。

一、水媒法

水媒法的工艺过程是纤维素经碱浸、压榨、老化等工序后,再用氯乙酸钠进行醚化反应。由于该法沿用时间长,故又称传统法。该法以水为介质,以粉末状氯乙酸钠为醚化剂,常用于生产低黏度产品。该工艺流程示意图如图6-1所示。

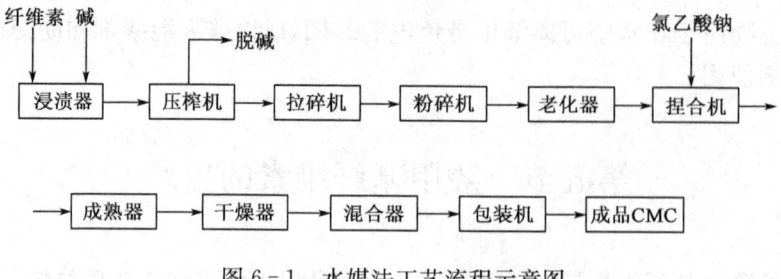

图6-1 水媒法工艺流程示意图

纤维素浸碱是生产碱纤维素的过程,该过程在捏合机中进行,碱浓度控制在12%～21%范围内,温度控制在30～35℃,浸碱时间为1.5～2.0h。浸碱后的碱纤维素经压榨、粉碎、老化后,在水中与氯乙酸钠进行醚化反应。醚化反应也在捏合机中进行,反应可分为三个阶段。

(1)醚化初期:碱纤维素与刚投入的氯乙酸钠粉末进行混合,氯乙酸钠借助捏合机的机械作用,分散到碱纤维素的可及表面,然后通过在水中的扩散到达各反应中心羟基间。

(2)中间阶段:在这一阶段中既有混合分散,又有部分醚化反应发生。到达各羟基间的氯乙酸钠分子,部分地与羟基起醚化反应,而随着捏合作用的继续进行,醚化剂的分散和扩散作用仍在继续进行。由于醚化是放热反应,故此阶段反应温度在逐渐上升。

(3)反应阶段:在这一阶段大多数醚化剂已经进入各反应中心羟基间,开始醚化反应,同时反应温度上升又加快了醚化反应速度。因此,这一阶段是以反应为主的醚化阶段,当然还存在少量醚化剂继续扩散的情况。

前两个阶段主要是反应物间的混合与醚化剂的扩散。为使反应物混合均匀,醚化剂能达到每一反应中心,又不引起局部反应,应保持较低温度和较长时间。故前两个阶段的温度应控制在35℃以下,时间在2h左右。第三个阶段主要是醚化反应,温度应控制在45～55℃,反应时间约1h左右。

二、溶媒法(有机溶剂法)

该方法以有机溶剂为反应介质,可用的有机溶剂有苯、乙醇、甲醇、异丙醇、丙酮或混合溶剂,如苯—丙酮—异丙醇、苯—甲醇—乙醇等。我国应用较为广泛的是以乙醇为溶剂的溶媒法生产工艺。该工艺流程如图6-2所示。

溶媒法的碱化与醚化反应在同一捏合机中进行。将乙醇和氢氧化钠溶液按比例加到装有纤维素的捏合机中,进行碱化反应,碱化反应结束后,加入氯乙酸进行醚化反应,然后经洗涤、中和、过滤、干燥、粉碎后即得产品。

在反应过程中,除碱溶液带有一部分水外,还要生成一部分水,因此体系中存在一定量的水。水的存在虽有利于醚化反应的进行,但水含量过大则易引起生成的羧甲基纤维素溶胀形成凝胶体,使醚化剂难于向纤维素均匀渗透,致使反应不均匀。因此,要控制反应体系中水的含量。一般情况下,纤维素与水的质量比控制在1:(0.6～1.1)。也可通过乙醇的含量来控制羧甲基纤维素的溶胀,通常乙醇与纤维素的质量比控制在1:(1.15～2.0)的范围内。由于用氯乙酸作醚化剂,因此加入的碱除用于生成碱纤维素外,还要与氯乙酸反应,故溶媒法的耗碱量较大。氯乙酸的加入量取决于产品的取代度,氢氧化钠与氯乙酸的物质的量之比通常在(2.1～2.4):1的范围内。

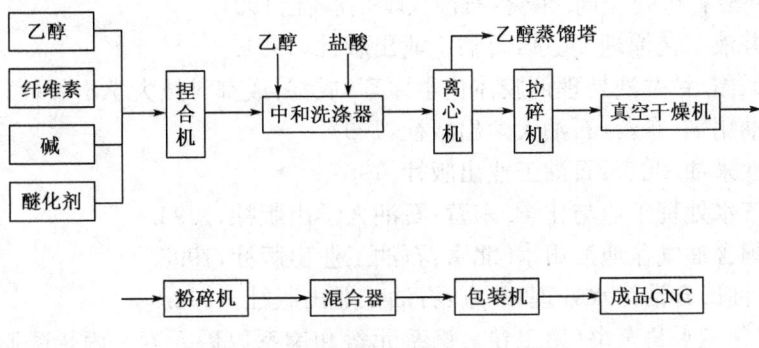

图6-2 溶媒法工艺流程示意图

溶媒法的碱化温度控制在30～40℃,时间在15～20min。醚化的前两个阶段温度控制在50～60℃,后一阶段控制在60～75℃,醚化总时间约2h。

参 考 文 献

[1] 夏俭英. 钻井液有机处理剂. 东营:石油大学出版社,1991.
[2] 王效祥. 钻井液工艺原理. 北京:石油工业出版社,1991.
[3] 吴隆杰,杨凤霞. 钻井液处理剂胶体化学原理. 成都:成都科技大学出版社,1992.
[4] 赵福麟. 采油用剂. 东营:石油大学出版社,1997.
[5] 张景存. 三次采油. 北京:石油工业出版社,1997.
[6] 黄俊英. 油气水处理工业与化学. 东营:石油大学出版社,1993.
[7] 高锡兴. 中国含油气盆地油田水. 北京:石油工业出版社,1995.
[8] 李化民,等. 油田含油污水处理. 北京:石油工业出版社,1992.
[9] 哈润华,等. 化工百科全书(第1卷):锕系元素和锕系以后元素—丙烯酰胺聚合物. 北京:化学工业出版社,1990.
[10] 严瑞瑄. 水溶性高分子. 北京:化学工业出版社,1998.
[11] 张鸿仁. 油田原油脱水. 北京:石油工业出版社,1991.
[12] 陆柱,等. 油田水处理技术. 北京:石油工业出版社,1990.
[13] 刘程. 表面活性剂应用大全. 北京:北京工业大学出版社,1994.
[14] 李宗石,徐明新. 表面活性剂合成与工艺. 北京:轻工业出版社,1990.
[15] 楼益明. 羧甲基纤维素生产及应用. 上海:上海科学技术出版社,1991.
[16] 梁梦兰. 表面活性剂和洗涤剂:制备、性质和应用. 北京:科学技术文献出版社,1990.
[17] 刘德荣. 表面活性剂的合成与应用. 成都:四川科学技术出版社,1987.
[18] 于涛,丁伟,曲广淼. 油田化学剂. 北京:石油工业出版社,2008.
[19] 杨承志,等. 化学驱提高石油采收率. 北京:石油工业出版社,2007.
[20] 郑晓宇,吴肇亮. 油田化学品. 北京:化学工业出版社,2001.
[21] 佟曼丽. 油田化学. 东营:石油大学出版社,1996.
[22] 刘继德,牛亚斌. 油田化学品. 北京:中国物资出版社,2001.